AF460657

et Samedi 29 Janvier 1881.

HOTEL DROUOT, SALLE Nº 1.

OBJETS D'AR

ET

DE CURIOSITÉ

PROVENANT

DU MUSÉE CARNAVALET

EXPOSITION PUBLIQUE

Vente des Lundi 24, Mardi 25, Mercredi 26, Jeudi 27, Vendredi 28
et Samedi 29 Janvier 1881.

HOTEL DROUOT, SALLE N° 1.

OBJETS D'ART

ET

DE CURIOSITÉ

PROVENANT

DU MUSÉE CARNAVALET

EXPOSITION PUBLIQUE

Le Dimanche 23 Janvier 1881

DE UNE HEURE A CINQ HEURES.

COMMISSAIRE-PRISEUR	EXPERT
Me CH. PILLET	M. CH. MANNHEIM
10, rue de la Grange-Batelière.	7, rue Saint-Georges.

CATALOGUE

DES

OBJETS D'ART

ET DE CURIOSITÉ

Faïences françaises et étrangères; Sculptures en bois et en ivoire;
Bijoux; Montres; Flacons; Tabatières et Bonbonnières; Etuis; Porte-Cartes;
Navettes; Orfèvrerie; Matières précieuses; Couteaux et Fourchettes; Horlogerie;
Instruments d'astronomie; Fers ouvrés; Mouchettes et Porte-Mouchettes;
Bronzes; Cuivres; Dinanderie; Flambeaux; Lampes et Lanternes;
Etains; Coffres et Coffrets; Instruments de musique;
Jeux; Ustensiles divers; Objets variés; Meubles.

PROVENANT DU MUSÉE CARNAVALET

ET DONT LA VENTE AURA LIEU

En vertu d'une délibération du Conseil municipal de Paris du 30 décembre 1880, approuvée
PAR ARRÊTÉ DE M. LE SÉNATEUR PRÉFET DE LA SEINE
du 6 janvier 1881,

HOTEL DROUOT, SALLE N° 1,

Les Lundi 24, Mardi 25, Mercredi 26, Jeudi 27,
Vendredi 28, et Samedi 29 Janvier 1881,

A UNE HEURE ET DEMIE.

Par le ministère de Me CHARLES PILLET, COMMISSAIRE-PRISEUR,
Rue de la Grange-Batelière, 10.

Assisté de M. CHARLES MANNHEIM, Expert, 7, rue Saint-Georges.

Chez lesquels se trouve le présent Catalogue.

EXPOSITION PUBLIQUE, le Dimanche 23 Janvier 1881,

De une heure à cinq heures.

CONDITIONS DE LA VENTE

Elle sera faite au comptant.

Les adjudicataires payeront *cinq pour cent* en sus des enchères

L'exposition mettant le public à même de se rendre compte de l'état des objets, il ne sera admis aucune réclamation une fois l'adjudication prononcée.

ORDRE DES VACATIONS

L'ordre numérique sera rigoureusement suivi.
Chacune des vacations comprendra environ 170 numéros.

Paris. — Typ. Pillet et Dumoulin, 5, rue des Grands-Augustins.

DÉSIGNATION DES OBJETS

FAIENCES ITALIENNES

1 — Deux mesures à vin du xve siècle, à décor émaillé en couleurs sur fond de biscuit ; l'un deux représente divers personnages en pied, et l'autre un buste.

2 — Petit encrier de forme cintrée, décoré de grotesques, sur fond blanc. Fabrique d'Urbino.

3 — Vase de forme cylindrique à couvercle, avec poignée et anses formées de poissons en ronde bosse. Décor polychrome à fleurs et ornements.

4 — Miroir biseauté avec joli cadre en faïence composé d'ornements rocaille, de fleurs et de groupes de fruits en relief, décor polychrome. Dans le haut se trouve un écusson armorié.

FAIENCES DE DELFT

5 — Porte-bouquet de forme aplatie sur piédouche carré et à cinq goulots. Décor bleu à fleurs, oiseaux et ornements.

6 — Double tirelire en forme de gourde, décor bleu à fleurs et oiseaux.

7 — Deux assiettes à décor bleu, représentant des ateliers de ferblantiers. Au marli, ornements variés. Au revers, la signature : J. V. D. Fos. 1783.

8 — Petite cage cintrée à décor bleu.

9 — Flambeau à décor bleu, et lampe sur pied à balustre à décor polychrome.

10 — Trois petits pots assemblés, décor bleu de style chinois et à couvercles en étain.

11 — Applique porte-lumière à une branche, à figures et mascarons en relief, et portant un écusson armorié au centre. Le tout à décor bleu.

12 — Théière formée d'un personnage accroupi coiffé d'un tricorne.

13 — Brosse à dessus en faïence de Delft à décor polychrome de style chinois à paysages, fabriques et figures.

FAIENCES ALLEMANDES

14 — Faïence allemande. — Coupe porte-fleurs sur piédouche à bourrelet, et couvercle disposé pour recevoir des fleurs piquées. Décor bleu à fleurs et ornements.

15 — Faïence allemande. — Pot à couvercle, forme dite pot-pourri, à ornements, draperies et fleurs gaufrées en relief sur fond imitant la vannerie, et décor bleu.

16 — Faïence allemande. — Daubière en forme de courge, décorée au naturel.

17 — Faïence allemande. — Daubière en forme de poulet rôti.

18 — Faïence allemande. — Boite oblongue et profonde à mascarons et ornements en relief, décor polychrome, XVIe siècle.

19 — Faïence de Nuremberg. — Petit modèle de poêle à figures de danseurs en relief et émaillé vert; plus un réchaud de même style.

20 — Faïence allemande. — Porte-montre, modèle rocaille, décor polychrome à fleurs.

21 — Faïence allemande. — Cannette décor polychrome de style chinois avec couvercle en étain, orné d'une médaille.

FAIENCES DIVERSES

22 — Cor de chasse décoré de fleurs et d'ornements en camaïeu vert.

23 — Daubière avec fleurs de lis et rosaces en relief et lapin couché sur le couvercle.

24 — Grand flambeau à tige à quatre lobes en faïence blanche, et lampe sur tige élevée à deux anses et plateau rond.

25 — Écritoire de forme oblongue, ornée de quatre têtes d'enfants en relief. Faïence à couverte jaune rehaussée de vert et de brun.

26 — Saladier décor polychrome : groupe de forgerons et inscription : Boy MAITRE SERRUYET 1783.

27 — Plat à barbe, décor polychrome et buire à côtes à décor marbré.

28 — Faïence du midi. — Trois chauffe-mains, en forme de corbeille à ornements en relief émaillés jaune et bruns. L'anse de l'un d'eux porte en relief les noms de Catharina de Kleck.

29 — Trois plats ronds l'un d'eux à couverte brune, un autre à décor gravé, émaillé en couleurs et le troisième décoré de fleurs.

30 — Trois Daubières dont une sans couvercle, à couverte brune et fleurs de lys en relief.

31 — Quatre assiettes en faïence de Creil, décorées de vues de monuments de Paris, imprimées.

32 — Trois pièces : brique à buste en relief, veilleuse incomplète et pot-attrape à couverte brune.

33 — Petit modèle de chaire à prêcher, composé de quatre parties, décor polychrome dans le goût des faïences de la Frata.

GRÈS DE FLANDRES

34 — Deux pièces : Bidon en grès et chauffe-mains en grès de Flandre, émaillé bleu et gris et portant diverses inscriptions ainsi que la date de 1696.

35 — Dix brocs ou cruches en grès, variés de formes et de décor.

FAIENCES
DE BERNARD PALISSY

36 — Groupe composé de la figure de Neptune armé du trident et montant un cheval marin. Cette pièce est de décor polychrome.

37 — Hanap couvert de coquilles variées, à panse formée d'une grenouille et le dessus orné d'une tortue dont la tête lui tient lieu de goulot.

FAIENCES DE ROUEN

38 — Grande et belle Fontaine formée d'une figure de Bacchus à califourchon sur un tonneau, décor polychrome. La vasque, de forme cintrée, est décorée de branches de vigne.

39 — Grand et beau Plat rond à bords festonnés, décor polychrome à fleurs, oiseaux et insectes.

40 — Saladier à côtes, décor polychrome *au carquois*.

41 — Porte-huilier oblong et à pans, décor bleu et rouille à fleurs et ornements.

42 — Porte-fleurs applique, décor polychrome, *à la corne*.

FAIENCES DE NEVERS

43 — Deux Vases ou Jardinières de forme surbaissée, à deux anses enroulées et à couvercles repercés à jour. Décor bleu de style chinois à figures dans des paysages.

44 — Quatre Assiettes de la période révolutionnaire, décor polychrome représentant des tonneliers au travail et portant le nom de François Petitié; 1792.

45 — Gourde plate, décor bleu et jaune, portant sur une de ses faces trois fleurs de lis et sur l'autre la date de 1746 et gourde en forme de pied humain.

46 — Lanterne à main, décor polychrome à personnages.

FAIENCES DE STRASBOURG

ET DE LORRAINE

47 — Faïence de Lorraine. — Deux Sucriers avec pla-

teaux adhérents, décor polychrome, l'un d'eux décoré d'oiseaux et l'autre de fleurs ; ce dernier est accompagné de sa cuiller.

48 — Faïence de Strasbourg. — Veilleuse, décor polychrome à fleurs.

49 — Faïence de Lorraine. — Belle Fontaine formée d'un groupe représentant un rocher sur lequel reposent les figures d'une nymphe, d'un triton et d'un amour; la cuvette, simulant une coquille, est supportée par un dragon ailé entouré de roseaux. Le tout en décor polychrome.

PORCELAINES

50 — Porcelaine italienne. — Porte-huilier en porcelaine blanche orné de quatre figurines d'enfants.

51 — Porcelaine de Chine. — Deux Salières oblongues décor polychrome et portant les armes de France.

52 — Faïence et porcelaine. — Porte-mouchettes en faïence blanche et petite tasse avec soucoupe en porcelaine de Sèvres.

SCULPTURES EN IVOIRE

53 — Joli peigne contourné à ses extrémités, sculpté en bas-relief sur ses deux faces et repercé à jour. Il est

décoré de bustes d'hommes et de femmes et de rinceaux. Travail français du XVIe siècle.

54 — Autre peigne sculpté en bas-relief sur ses deux faces et repercé à jour. Il est décoré de groupes de personnages en costumes du XVIe siècle, dans des paysages et de rinceaux.

55 — Peigne de forme rectangulaire sculpté en bas-relief sur ses deux faces. L'une d'elles représente des sujets de la vie privée, et l'autre deux cavaliers combattant armés de toutes pièces. XVe siècle (?).

56 — Petit coffret rectangulaire en ivoire, couvert de rosaces et de feuillages en bas-relief de style oriental. Il est garni d'attaches et d'un fermoir en cuivre doré. XVe siècle.

57 — Coffret de même forme en ivoire, uni garni de rosaces, de charnières et d'ornements en cuivre doré. XVe siècle.

58 — Gaine ou étui cylindrique, couvert de jeux d'enfants et d'ornements sculptés en bas-relief. Son couvercle est surmonté d'une cariatide d'enfant. Époque Louis XIII.

59 — Affiquet décoré d'ornements et terminé à sa partie supérieure par un groupe de trois enfants superposés. Même époque.

60 — Affiquet de même travail et terminé à sa partie supérieure par une cariatide de femme tenant un arc.

61 — Amorçoir décoré au pourtour du sujet du jugement de Pâris. Sculpture en bas-relief.

62 — Autre amorçoir décoré au pourtour de figures de divinités de la fable et autres, ainsi que de rinceaux sculptés en bas-relief.

63 — Deux figures de cavaliers en riches costumes du XVIe siècle, provenant vraisemblablement d'un jeu d'échecs. Travail du XVIe siècle.

64 — Deux sifflets formés l'un d'un buste de femme et l'autre d'un buste d'homme. XVIIe siècle.

65 — Petit buste applique de personnage portant un riche costume et la perruque à rallonges du temps de Louis XIV.

66 — Chausse-pied en ivoire se terminant par un petit buste d'enfant. Travail moderne.

67 — Petit modèle de berceau en ivoire surmonté d'une couronne royale et décoré au pourtour d'ornements fleurdelisés sculptés en bas-relief.

68 — Deux parc-bras d'arbalétrier en ivoire uni en forme d'écu.

69 — Deux pièces : petite trompe d'appel décorée de feuillages gravés et corne à boire se terminant par une tête en ronde-bosse de travail barbare.

70 — Bâton à moulures profilées en ivoire finement gravé à figures de saints personnages et ornements. XVIIe siècle.

71 — Deux pièces : manche de balai en ivoire guilloché et maillet en bois incrusté de nacre avec manche en ivoire contenant un tire-bouchon.

72 — Jolie râpe à tabac sculptée en bas-relief sur ses deux faces. L'une d'elles représente Jupiter et Junon et l'autre une nymphe au bain et des amours. XVIIIe siècle.

73 — Râpe à tabac décorée d'un personnage assis jouant de la flûte, de mascarons et d'ornements, le tout sculpté en bas-relief. XVIIIe siècle.

74 — Petit amorçoir circulaire sculpté en bas-relief sur ses deux faces; jeune femme et amour. XVIIIe siècle.

75 — Plaque rectangulaire provenant d'un cadran solaire et sculptée en bas-relief. Elle représente un groupe de quatre personnages. XVe siècle.

76 — Deux peignes d'ivoire : l'un d'eux piqué d'argent et l'autre garni en argent repoussé à fleurs et ornements. Époque Louis XIII.

77 — Deux pièces : peigne d'ivoire repercé à jour et autre peigne en corne découpée.

78 — Petit moulin (jouet d'enfant) de forme cylindrique et à toît pointu, en ivoire découpé à jour.

79 — Coupe couverte sur pied à ornements découpés et pied de vase de même style. Travail de tour du XVIIe siècle.

80 — Deux petits flacons à long col sculptés à figures, oiseaux et ornements.

81 — Trois pièces : étui formé d'un char traîné par deux chevaux (époque de l'Empire), étui en forme de dauphin et manche formé de trois cariatides.

82 — Trois pièces : petit personnage assis et deux figurines incomplètes.

83 — Grain de chapelet formé des têtes accolées de Louis XII et d'Anne de Bretagne. XVIe siècle.

84 — Quatre pièces : petite seringue, hochet avec fleurs de lis, porte-cure-dents et manche de porte-plume.

85 — Quatre pièces : deux mortiers cylindriques avec pilons, fort bracelet uni et pomme de canne, sculptée en bas-relief et représentant le Christ devant Pilate.

86 — Oliphant avec fleurs de lis et palmettes sculptées et portant des traces de dorure.

SCULPTURES EN BOIS

87 — Petit reliquaire en forme de berceau gothique en bois sculpté et doré. Il offre à ses extrémités deux petits

sujets sculptés en bas-relief et rehaussés de peinture. L'un d'eux représente le Christ mort couché sur les genoux de la Vierge, l'autre, saint Martin partageant son manteau. xve siècle.

88 — Coffret de mariage de forme rectangulaire en bois sculpté à figures et inscriptions ayant trait à son emploi. Travail allemand du xve siècle.

89 — Deux peignes en bois sculpté et repercé à jour. Travail allemand du xvie siècle.

90 — Râpe à tabac du temps de Louis XIV en bois sculpté en bas-relief et représentant le couronnement de Louis XIII.

91 — Râpe à tabac sculptée en bas-relief portant les armes de France surmontées de la couronne royale, un trophée d'armes et la date de 1719.

92 — Deux râpes à tabac sculptées en bas-relief; l'une d'elles représente le Christ en croix et l'autre des branches de fleurs. Cette dernière porte un écusson armorié. Époque Louis XIV.

93 — Deux autres râpes à tabac, l'une d'elles d'assez grandes dimensions sculptée à ornements et l'autre étroite sculptée à buste et ornements. Même époque.

94 — Casse-noisette surmonté d'une figurine de personnage assis. xviie siècle.

95 – Grand casse-noisette formé d'un paysan assis. XVIIe siècle.

96 — Casse-noisette surmonté d'une figure de mendiant debout tenant son chapeau à la main. XVIIIe siècle. Collection Pourtalès, n° 1555.

97 — Petit casse-noisette orné de bustes de femmes. Travail barbare du XVIIe siècle.

98 — Deux béquilles de canne, l'une d'elles formée d'un buste de personnage s'échappant de la gueule d'un dauphin, l'autre ornée d'un buste d'homme. XVIIe siècle.

99 — Grande râpe à tabac sculptée à trophée d'instruments variés. Époque Louis XIV.

100 — Étui à bésicles décoré de quatre bustes et de rinceaux sculptés en bas-relief. Époque Louis XIV.

101 — Autre étui à bésicles décoré de deux bustes flanqués chacun de deux cariatides se terminant en rinceaux. Même époque.

102 — Étui à bésicles décoré de bustes, de mascarons et d'ornements. Même époque.

103 — Deux étuis à bésicles, l'un d'eux décoré d'animaux et de cariatides, l'autre d'un chiffre, d'une tête de mort et portant la date de 1718.

104 — Jolie gaine en bois dur finement sculpté en bas-relief à sujets de chasse, jeux d'amours et feuillages. XVIIe siècle.

105 — Petit flacon à muscade décoré au pourtour des figures de la Foi, de l'Espérance et de la Charité. XVIIe siècle.

106 — Flacon à muscade en forme de losange décoré de bustes sur ses deux faces et de mascarons au pourtour. Il se termine à sa partie supérieure par un mascaron. XVIIe siècle.

107 — Deux flacons à muscade à panse sphérique décorés de rinceaux et d'oiseaux. XVIIIe siècle.

108 — Deux flacons analogues mais à cols plus étroits.

109 — Flacon piriforme décoré au pourtour du triomphe de Bacchus sculpté en bas-relief. Il est garni en ivoire. XVIIIe siècle.

110 — Deux flacons à muscade décorés de personnages au pourtour. Même époque.

111 — Deux autres flacons, l'un d'eux sculpté à figures, l'autre à bustes, coquilles et ornements, Même époque.

112 — Trois pièces : flacon piriforme aplati sculpté à figures, flacon forme livre et étui décoré de rinceaux et d'une figure d'Amour.

113 — Boîte ronde et plate sculptée à bustes et ornements, Époque Louis XIV et amorçoir en bois sculpté à sujets de chasse.

114 — Sifflet de chasse en bois sculpté à mascarons et frise représentant une chasse au sanglier. XVIIe siècle.

115 — Quenouille à long manche couvert de groupes d'enfants dans diverses attitudes et terminée à sa partie supérieure par un groupe champêtre. XVIIIe siècle.

116 — Deux affiquets de même travail composés de figurines, de bustes et d'ornements.

117 — Deux autres affiquets ornés de figurines.

118 — Deux affiquets, l'un d'eux en bois tourné, l'autre se terminant par les figures des vertus théologales.

119 — Deux petits étuis en bois finement sculpté, surmontés chacun d'une figurine debout. XVIIIe siècle.

120 — Trois pièces : manche de couteau orné de figurines d'enfant, sifflet formé d'une tête de chien et pomme de canne formée d'une tête de moine.

121 — Quatre pièces : deux étuis, l'un d'eux sculpté à figures, petit support composé de figurines de prélats, et porte-cigare formé d'un dauphin.

122 — Boîte de forme oblongue et longue, sculptée en bas-relief et offrant sur le couvercle l'intérieur d'une boulangerie. XVIIIe siècle.

123 — Brosse ovale à dessus en bois sculpté, à rinceaux, fleurs et oiseaux. Travail de Bagard de Nancy.

124 — Boîte ronde, à poudre, le dessus sculpté, à rinceaux, fleurs, deux cœurs enflammés et portant l'inscription : *L'amour. ren. nos. cœvr. vny.* (*sic*).

125 — Trois pièces : cuilleron sculpté à bustes et rinceaux; courge finement gravée, à figures et cloutée d'argent, et petit vase forme œuf et incrusté de filets d'argent.

126 — Trois moules à pâtisserie en bois sculpté.

127 — Grande planche sculptée sur ses deux faces, à rinceaux et armoiries. Travail allemand du XVIIe siècle.

128 — Lit de poupée du temps de Louis XV, en bois sculpté, à ornements rocaille.

129 — Pipe formée de deux personnages grotesques. XVIIe siècle.

130 — Pipe composée d'un lion assis supportant un aigle et un dauphin. Garniture en argent. XVIIIe siècle.

131 — Pipe décorée de deux figurines en ronde bosse et de cinq autres en bas-relief. XVIIe siècle.

132 — Étui à pipe, sculpté à figures, ornements et animaux. XVIIe siècle.

133 — Trois étuis à pipe, sculptés à figures et ornements. XVIIIe siècle.

134 — Trois étuis à pipe, dont un sculpté et les deux autres garnis en cuivre gravé.

135 — Amorçoir en coco sculpté, à figures et ornements, et portant un écusson armorié. Travail de la fin du XVIIIe siècle.

136 — Six pièces en bois tourné ou sculpté : étui sphérique, planche à imprimer, moule à pâtisserie, mesure de cordonnier et deux gratte-dos.

SCULPTURES DIVERSES

137 — Corne. — Chausse-pied gravé et portant la date de 1598. Il représente les cinq sens figurés par des femmes assises tenant divers instruments.

138 — Corne. — Autre chausse-pied gravé, à figures et ornements. Même travail.

139 — Corne. — Deux gobelets à boire, sculptés à figures et ornements. L'un d'eux est décoré de sujets religieux et l'autre de sujets de chasse.

140 — Ambre. — Coffret rectangulaire en ambre de diverses nuances, avec plaques gravées représentant des monuments et des vues de villes. XVIe siècle.

BIJOUX

141 — Collier Louis XIII, en filigrane d'or rehaussé de parties émaillées noir et blanc.

142 — Agrafe de ceinture en argent ciselé et doré, avec feuillages rapportés en relief et repercés à jour. XVIe siècle.

143 — Médaillon Louis XIII, en or émaillé à fond bleu et décoré de fleurs et d'ornements en bas-relief et dessinés au trait. Il est entouré d'ornements à jour et se termine par une perle fine.

144 — Petit triptyque en écaille, monté à charnières, en or émaillé, et contenant une petite statuette de Vierge en bois sculpté. Époque Louis XIII.

145 — Jolie petite coupe ronde et basse, à anse plate, en argent finement ciselé et doré. L'anse, découpée à jour, se compose de cariatides et des figures d'Adam et d'Ève entourées de fleurs. Travail du Nord. XVIIe siècle.

146 — Collier en argent doré, composé de maillons découpés. XVIIe siècle.

147 — Bijou en argent doré, composé d'enroulements et enrichi de rubis, de perles et d'un grenat. Époque Louis XIII.

148 — Collier en argent, composé d'ornements et de feuillages incrustés de rubis et de roses. XVIIIe siècle.

149 — Pendant de cou de même style, mais sans roses.

150 — Deux pendants de cou Louis XIII, en argent et roses.

151 — Médaillon en filigrane d'argent doré, suspendu à trois chaînettes reliées entre elles par une couronne. Il contient deux peintures.

152 — Médaille de mariage, en argent doré, suspendue par trois chaînettes.

153 — Breloquet porte-montre en or ciselé, du temps de Louis XVI. Il est garni de deux cassolettes et d'un cachet.

154 — Bas-relief en deux parties, en or émaillé à froid et représentant l'Adoration des rois mages.

155 — Deux petites croix ouvrantes en or, l'une gravée à fleurs, l'autre émaillée et enrichie de saphirs.

156 — Trois petites croix de cou, dont une en or et les deux autres en argent et grenats.

157 — Trois autres croix de cou, l'une en argent et cristaux, une autre en strass avec attache à ruban, et la dernière en cuivre doré et grenats.

158 — Croix normande en or et strass.

159 — Fermoir de livre en argent doré, à feuillages et à jour, et boucle en argent ciselé, à mascarons et ornements.

160 — Deux agrafes de ceintures, dont l'une en argent en forme de couronne à bossettes, l'autre avec plaques ornées.

161 — Cassolette à parfums en forme d'olive ouvrante, en argent gravé à fleurs. Époque Louis XIII.

162 — Cassolette ouvrante en forme de cœur, en cristal de roche et montée en argent doré. Même époque.

163 — Deux petites boîtes à jetons, l'une en filigrane d'argent, l'autre en argent est ornée d'un portrait de femme peint sur émail.

164 — Étui ovale à portraits en acier bleui, à sujets mythologiques et chiffre finement dorés. XVIIIe siècle.

165 — Cartouche ovale et à double face, en cuivre ciselé et doré et contenant deux camées. XVIe siècle.

166 — Crochet en filigrane d'argent orné d'un portrait de femme peint sur émail. Époque Louis XIII.

167 — Collier Louis XIII en filigrane d'argent doré et plaques de jais.

168 — Petit collier en or et roses, composé de sept chatons et trois pendeloques.

169 — Huit petits bijoux de cou en filigrane d'argent doré et jais.

170 — Petite broche et pendant de cou montés de marcassites.

171 — Quatre petits bijoux en filigrane montés de grenats.

172 — Cinq petits bijoux et deux pendants d'oreilles montés de pierres diverses.

173 — Neuf bagues diverses en or et pierreries, des XVIe, XVIIe et XVIIIe siècles.

174 — Six bagues en argent ou cuivre.

175 — Sifflet de corporation en argent, orné d'une sirène et garni de grelots.

176 — Cinq épingles de coiffure diverses, dont une en argent doré et découpé, portant deux D enlacés, et un poinçon à écrire en argent.

177 — Trois pièces : agrafe en forme de losange en argent ciselé et repercé à jour, médaillon représentant l'Enfant Jésus entre deux saintes femmes, et médaillon en argent doré et nacre.

178 — Deux médaillons, l'un en cristal de roche en forme de cœur, l'autre en filigrane d'argent.

179 — Quatre pièces : Trois cassolettes et une petite bourse, cette dernière en cuivre doré.

180 — Grand collier avec croix en jais.

181 — Cinq petits cachets ou breloques en ancienne porcelaine tendre, représentant des figurines, un chien et un oiseau. Époque Louis XV.

182 — Quatre cachets Louis XV en argent.

183 — Petit flacon en jaspe sanguin, monté en or repoussé. Époque Louis XV.

184 — Trois petites pièces en ambre, un flacon, un étui et une pomme de canne.

185 — Quatre clefs de montre dont trois en cuivre et une en or.

186 — Cinq petites pièces en argent : hochet, tête de mort ouvrante, boucle forme cœur, applique ornée d'un saint Georges et dessus de petite boîte en filigrane.

187 — Sept pommes ou béquilles de cannes en porcelaine et en émail de Saxe et cassolette imitant une montre en argent ciselé, doré et émaillé. XVIIIe siècle.

MONTRES

188 — Grande et belle montre du XVIe siècle de forme octogone allongée en argent finement gravé à figures

et ornements. Le sujet principal représente Persée délivrant Andromède et le pourtour est repercé à jour. Mouvement de *J. Champelon, à Paris.*

189 — Montre du temps de Louis XIV en or émaillé attribuée aux frères Huaut. Le fond représente Loth et ses filles, le pourtour des paysages et des fleurs et l'intérieur des enfants jouant avec des panthères.

190 — Grosse montre en cuivre gravé et doré avec cadran à cartouches émaillés. Epoque Louis XIV.

191 — Montre analogue à celle qui précède.

192 — Montre Louis XV en or émaillé en plein. La cuvette représente un sujet champêtre.

193 — Petite montre Louis XIV en or gravé à fleurs et palmes réservées sur fond d'émail bleu turquoise.

194 — Montre Louis XVI en or de couleur, finement ciselé à trophée, festons de fleurs et de lauriers.

195 — Grande montre Louis XVI en or émaillé. La cuvette représente trois jeunes nymphes lutinant l'Amour. Le sujet est entouré d'un rang de demi-perles.

196 — Grande montre de la fin du règne de Louis XVI en or émaillé et enrichie de demi perles. Le fond représente un petit temple sur fond gros bleu.

197 — Grande montre en or à répétition et à sujet automate représentant des personnages frappant sur des cloches.

198 — Montre en or à cuvette émaillée à fond bleu et groupe de trois figures, avec entourage de demiperles.

FLACONS

199 — Flacon en argent ciselé et doré, orné de deux peintures sur émail; portraits d'homme et de femme. Epoque Louis XIII.

200 — Flacon en argent doré avec appliques rapportées, découpées et émaillées. Même époque.

201 — Flacon en argent doré, composé d'ornements rocaille. Epoque Louis XV.

202 — Flacon formé d'un petit cygne en porcelaine de Saxe.

203 — Deux flacons, l'un d'eux en porcelaine de Saxe, décoré de fleurs et d'imbrications carmin, l'autre en émail de Battersea, composé de deux colombes et portant la devise : *Prenes les pour modelle* (sic).

204 — Flacon en forme de cœur aplati en verre opale, couvert d'ornements en argent doré. Travail moderne.

TABATIÈRES ET BONBONNIÈRES

205 — Boîte ronde du temps de Louis XVI, garnie en or et panneaux d'émail par Cotteau, décorés d'ornements et de figures, en grisaille et or sur fond bleu.

206 — Boîte ronde en écaille, blonde, galonnée d'or et ornements à perles. Elle est ornée d'une miniature en grisaille, représentant deux Amours, couronnant un dauphin. Epoque Louis XVI.

207 — Boîte carrée en écaille piquée et posée d'or. Epoque Louis XIV.

208 — Drageoir ovale en argent. Le dessus et le fond sont ornés de plaques de nacre sculptées en bas-relief, représentant, l'une une scène de combat, l'autre un sujet mythologique. XVIIIe siècle.

209 — Drageoir oblong, en argent, orné de deux plaques de nacre, dont l'une représente un sujet mythologique et porte une inscription. XVIIIe siècle.

210 — Drageoir oblong, en écaille, et monté en argent. Le dessus est incrusté d'argent et de nacre de perle. XVIIe siècle.

211 — Drageoir ovale, en argent; le dessus représente Jupiter et Junon en bas-relief. Époque Louis XV.

212 — Drageoir contourné, en argent. Le dessus est orné d'un groupe de trois figures en relief, encadrées d'ornements. Même époque.

213 — Drageoir ovale, en argent gravé et nacre de perle. Le dessus est orné d'une cornaline cabochon. Époque Louis XIV.

214 — Drageoir contourné, en écaille blonde incrustée d'or, décoré de figures et d'ornements. Même époque.

215 — Drageoir, en écaille brune incrustée d'or et de nacre de perle. Même époque.

216 — Drageoir ovale, en cuivre doré et écaille. Le dessus est enrichi d'incrustations représentant des figures et des ornements. XVIIe siècle.

217 — Drageoir, de forme contournée, en écaille incrustée de figures et d'ornements en argent. Époque Louis XIV.

218 — Boîte ovale, en écaille gaufrée et incrustée de fleurs et d'un trophée en or de couleur. Époque Louis XV.

219 — Drageoir ovale, en ivoire incrusté et monté d'argent. Époque Louis XIV.

220 — Drageoir ovale, en écaille incrustée d'argent. Le dessus représente le jugement de Pâris et le fond un buste de guerrier et des fleurs.

221 — Petit drageoir ovale, en écaille inscrutée d'or, et monté à gorge à charnière en or. Époque Louis XIV.

222 — Deux drageoirs ovales, en écaille piquée d'or. Époque Louis XIV.

223 — Deux boîtes, de forme contournée, en écaille, avec dessus incrusté et plaque d'argent. Même époque.

224 — Deux boîtes rondes, en écaille, l'une incrustée d'argent, l'autre à figure de danseuse et ornements en relief plaqués d'argent. XVIIIe siècle.

225 — Deux boîtes ovales en écaille, l'une profonde incrustée d'argent, l'autre à ornements guillochés et trophée incrusté d'or. XVIIIe siècle.

226 — Drageoir ovale, en ivoire piqué d'argent. Le couvercle est décoré à l'intérieur d'une miniature représentant un groupe de deux figures. Époque Louis XIV.

227 — Deux drageoirs en ivoire, l'un d'eux piqué d'argent, l'autre à armoiries en relief.

228 — Deux pièces en ivoire ; drageoir décoré d'armoiries en relief et dessus de drageoir décoré d'un buste d'homme. Époque Louis XIV.

229 — Grand drageoir ovale en ivoire. Le dessus offre un buste du roi Louis XIV en bas-relief. Travail du temps.

230 — Drageoir en forme de coquille en ivoire finement sculpté, à figures et ornements. La charnière est en or. Époque Louis XIV.

231 — Drageoir contourné en ivoire et monté en argent. Le dessus représente le jugement de Salomon sculpté en bas-relief.

232 — Bonbonnière Louis XV en ivoire sculpté, représentant des jeux d'amours et des ornements.

233 — Bonbonnière analogue à celle qui précède. Celle-ci représente deux Amours combattant et des attributs.

234 — Deux pièces en ivoire : petite boîte oblongue sculptée à figures et bonbonnière en forme de corbeille avec dessus et fond en verre.

235 — Drageoir contourné en cristal de roche taillé à cuvette et monté à gorge à charnière en argent doré. Époque Louis XV.

236 — Boîte oblongue en agate montée en cuivre. Le dessus est incrusté d'or.

237 — Drageoir en argent doré. Le fond porte un chiffre couronné ainsi que trois fleurs de lis gravés et le dessus est formé d'une plaque émaillée à fond blanc, avec ornements d'or en relief.

238 — Drageoir contourné en caillou d'Égypte, monté en bas or.

239 — Drageoir de même forme, mais plus grand, en agate, avec monture en argent gravé et doré.

240 — Boîte ronde à compartiments d'agate reliés entre eux à l'aide d'une monture en cuivre doré.

241 — Boîte ronde en agate cristallisé, montée en cuivre doré.

242 — Boîte ronde en écaille posée et galonnée d'or. Époque Louis XVI.

243 — Boîte à mouches en écaille incrustée d'or. Époque Louis XVI.

244 — Boîte ronde en verre montée en or. Le dessus est orné d'un bouquet de fleurs exécuté en filigrane d'or.

245 — Boîte ronde en vernis de Martin, à fond brun à quadrillages et médaillons de fleurs.

246 — Deux boîtes, l'une ronde en vernis de Martin à fond vert et bandes dorées, l'autre ovale en marqueterie de paille représentant Adam et Ève.

247 — Deux petites boîtes Louis XIII, l'une en agate, l'autre en jaspe agate, toutes deux montées en argent.

248 — Deux petites boîtes ovales, l'une en agate montée en cuivre, l'autre formant cassolette en cristal et or.

249 — Deux pièces : petite boîte ronde en ambre sculptée, l'autre en ivoire piqué d'or.

250 — Deux petites boîtes en émail de Saxe, montées en cuivre.

251 — Deux boîtes rondes, l'une en écaille ornée d'un portrait d'homme en miniature, l'autre en ivoire avec sujet en relief doré : départ d'un ballon au-dessus des Tuileries.

252 — Deux pièces : petite boîte en forme de cercueil en écaille incrustée d'argent et fond de boîte piqué d'or.

253 — Douze plaques provenant de boîtes ou de drageoirs en ivoire, en écaille et en nacre.

ÉTUIS ET PORTE CARTES

254 — Étui-nécessaire de forme aplatie en galuchat, garni d'ornements en or repoussé. Époque Louis XV.

255 — Étui-nécessaire en cuivre doré incrusté de plaques de nacre gravée et accompagné d'un crochet ou châtelaine de même travail, garnie de deux cassolettes. Époque Louis XIV.

Les ustensiles manquent.

256 — Étui de même travail, enrichi de petites plaques d'agate.

257 — Étui en argent repoussé et ciselé à fleurs et ornements rocaille. Époque Louis XV.

Les ustensiles manquent.

258 — Étui de forme contournée en argent repoussé et doré, enrichi de plaques en aventurine de Venise. Époque Louis XV.

259 — Deux étuis Louis XV en argent, l'un d'eux sans ustensiles.

260 — Étui Louis XV en cuivre repoussé et doré à figures et ornements en relief.

261 — Étui Louis XV en argent repoussé simulant la vannerie et décoré de festons de fleurs.

262 — Étui ovale et plat en cuivre doré ciselé à figures et ornements. Époque Louis XIV.

263 — Étui à pans en cuivre gravé et doré, décoré de cariatides et d'ornements. Même époque.

264 — Autre étui à pans en nacre gravée incrustée de vermillon et monté en cuivre.
Les ustensiles manquent.

265 — Étui ovale et plat en émail de Battersea à médaillons marines encadrés d'ornements dorés.
Les ustensiles manquent.

266 — Étui-nécessaire de forme aplatie en émail, décoré de jeux d'Amours en camaïeu carmin sur fond vert et monté en bas or gravé.

267 — Étui Louis XV en nacre gravée et plaquée d'or. Il est orné de deux petits fixés ovales.

268 — Deux porte-tablettes de même travail.

269 — Étui porte-flacon en nacre gravée et plaquée d'or à figures, attributs et ornements. Époque Louis XV.

270 — Étui porte-flacon en écaille unie. Les bouchons des flacons sont en porcelaine tendre.

271 — Étui en galuchat monté en argent. Il renferme un flacon avec bouchon d'argent.

272 — Deux étuis, l'un d'eux en écaille incrustée d'argent, l'autre en agate monté en cuivre.

273 — Deux étuis à pans en nacre gravée.

274 — Carnet porte-tablettes en argent finement gravé, à fruits, oiseaux et rinceaux. Travail hollandais du XVIIe siècle.

275 — Deux pièces : portefeuille en peau de chagrin monté en argent, et étui à miniature en galuchat et cuivre.

276 — Étui carré en agate, garni d'ornements en or repoussé. Époque Louis XV.

277 — Étui ovale aplati, en or guilloché et ciselé à feuillages et ornements. Époque Louis XVI.

278 — Étui carré en argent doré et vernis rouge, surmonté d'un petit buste de femme en argent doré, à tête d'ivoire. Cette pièce est enrichie de pierreries. Époque Louis XIV.

279 — Étui cylindrique en argent ciselé, doré et émaillé à froid. Même époque.

280 — Étui cylindrique formant lorgnette en émail de Battersea, à fond rose rehaussé d'or et médaillons de paysages. Époque Louis XV.

281 — Étui formant écritoire en émail de Saxe, à fond blanc, décoré de fleurs et monté en argent.

282 — Deux étuis en émail de Saxe décorés de fleurs, l'un d'eux à fond bleu, l'autre à fond violet.

283 — Étui ovale du temps de Louis XIV en écaille piquée d'or et monté en or.

284 — Deux étuis ovales en écaille piquée, et montés en argent. Même époque.

285 — Deux étuis : l'un en ivoire piqué d'argent, l'autre en écaille incrustée d'argent.

286 — Trois étuis gravés et plaqués d'or, l'un d'eux en écaille, les deux autres en nacre.

287 — Trois étuis en argent, l'un d'eux en filigrane, le second formant cachet et le troisième estampé.

288 — Étui en fer ciselé, à fleurs et ornements sur fond rocaille, Époque Louis XV.

289 — Trois étuis en fer, l'un d'eux gravé, le second à feuillages dorés et le troisième uni et à pans.

290 — Gros étui cylindrique en ivoire sculpté à figures d'Amours, ornements rocaille, fruits et oiseaux. Époque Louis XV.

291 — Deux étuis en ivoire sculpté et repercé à jour, disposés pour recevoir des thermomètres. Époque Louis XVI.

292 — Deux étuis en ivoire sculpté, l'un d'eux repercé à jour.

293 — Deux étuis en ivoire sculpté; l'un d'eux à vannerie et l'autre à oiseaux.

294 — Trois étuis plats en ivoire, l'un d'eux sculpté à figures.

295 — Quatre étuis en ivoire; l'un d'eux piqué d'argent, forme lorgnette, le second uni, forme encrier, le troisième était garni de quatre lames de canif et le dernier de forme ronde est garni en argent.

296 — Étui en vernis de Martin, décoré de sujets champêtres.

297 — Trois étuis en vernis de Martin, l'un d'eux rose, le second rayé blanc sur gris et le troisième à cannelures en camaïeu brun.

298 — Trois étuis en vernis de Martin, l'un d'eux ovale, à fond blanc et médaillons, le second à bandes bleues et rouges, et le troisième à bandes transversales rouges et blanches.

299 — Trois étuis, dont deux en paille et le troisième peint à fleurs et ornements verts sur fond blanc.

300 — Trois étuis, l'un d'eux en fer gravé, un autre en écaille rouge formant lorgnette.

301 — Étui Louis XVI, de forme ovale en or de couleur finement ciselé et repercé à jour. Le poussoir est formé d'une rose.

302 — Étui en forme de poisson flexible en argent. XVIIe siècle.

303 — Quatre étuis porte-dé en argent guilloché et gravé.

304 — Trois petits étuis en fer ciselé, l'un d'eux repercé à jour.

ÉTUIS A CISEAUX

305 — Grand étui à ciseaux en fer incrusté de rinceaux et d'ornements en argent et portant un écusson armorié. Époque Louis XIII.

306 — Étui à ciseaux de même travail, décoré d'oiseaux et de fleurs. Même époque.

307 — Etui à ciseaux de travail analogue formant nécessaire.

308 — Étui à ciseaux en argent, finement gravé, à figures et ornements. Il offre sur chaque face une figure d'Amour entourée des inscriptions suivantes : *L'indifférence est mon partage* et *Je n'aime que le repos.* Époque Louis XIII.

309 — Deux étuis à ciseaux en fer gravé. Même époque.

310 — Étui à ciseaux en fer gravé et repercé à jour. Époque Louis XIII.

311 — Étui à ciseaux, en argent gravé incrusté de plaques de lapis.

312 — Étui à ciseaux en filigrane d'argent. Il est suspendu à une châtelaine en filigrane d'argent à laquelle est également appendu un étui long et un porte-dé.

313 — Trois étuis porte-ciseaux en argent dont deux en filigrane.

314 — Trois étuis dont deux à binocle, en cuivre doré, et un en fer, et un étui à ciseaux en peau de chagrin.

NAVETTES, PORTE-BOBINES, ETC.

315 — Navette en fer ciselé, repercé à jour et rehaussé de dorure. Époque Louis XV.

316 — Quatre navettes en ivoire, dont une grande prise dans le bloc, une autre teinte en vert et une sculptée et repercée à jour.

317 — Quatre autres navettes en fer, en écaille et en nacre.

318 — Trois étaux en ivoire pour travaux à l'aiguille.

319 — Trois porte-bobines dont deux en cuivre ciselé et gravé, le troisième en ivoire.

ORFÈVRERIE

320 — Gobelet à couvercle, en argent repoussé à rinceaux et à godrons. Il repose sur trois boules unies. Époque Louis XIII.

321 — Flacon à thé en argent repoussé, à bustes et ornements. Même époque.

322 — Petite coupe ronde sur pied bas en argent, garnie de deux anses ciselées et découpées. Même époque.

323 — Boîte ovale à couvercle en argent gravé, à ornements. XVIIIe siècle.

324 — Gobelet Louis XIV en argent gravé et doré. Il porte un écusson armorié.

325 — Deux gobelets en argent gravé, l'un d'eux du XVIIe siècle et l'autre du XVIIIe siècle.

326 — Petit navire en filigrane d'argent. XVIIIe siècle.

327 — Petit pavillon à tourelle et clochette en filigrane d'argent.

328 — Coquille nautile montée sur pied en cuivre ciselé et doré.

329 — Sucrier en forme de coupe en argent doré, surmonté d'une figurine et accompagné d'une petite cuiller.

330 — Porte-huilier Louis XVI en argent ciselé et estampé. Il est accompagné de ses burettes en verre doré.

331 — Grande cafetière en argent du temps de l'Empire, avec manche en bois.

332 — Deux salières oblongues en verre, montées en argent doré. Les couvercles sont ciselés à coquilles. XVIIIe siècle.

333 — Deux salières analogues, avec couvercles à coquilles à côtes. Même époque.

334 — Petit coffret oblong à couvercle bombé en argent, finement gravé, à figures dans le goût de Callot et à fleurs. Époque Louis XIII.

335 — Petite boîte de forme contournée, en argent, à fleurs frappées rapportées sur un fond de filigrane. Même époque.

336 — Petite boîte ovale en argent repoussé, à figures dans des paysages. XVIIIe siècle.

337 — Gros hochet d'enfant en argent repoussé, gravé et découpé, garni de grelots. XVIIIe siècle.

338 — Hochet analogue à celui qui précède, mais moins grand.

339 — Trois autres hochets d'enfants en argent, de diverses époques.

340 — Petite boîte ronde en filigrane d'argent avec couvercle à double fond.

341 — Petite boîte ronde en argent, à ornements rapportés, conservant des traces d'émail.

342 — Trois petites boîtes rondes en argent, dont une en filigrane et les deux autres gravées et repercées à jour.

343 — Petit gobelet avee soucoupe en argent doré.

344 — Deux petites coupes à vin en argent repoussé et à deux anses.

345 — Deux coupes à déguster les vins, en argent, l'une en forme de coquille et l'autre ronde.

346 — Trois pièces en argent : petite coupe à lobes sur trois consoles, cuillère à punch et mesure à thé en forme de feuille.

347 — Trois pièces en argent : Affiquet, porte-tasse en filigrane et crochet gravé garni de chaînettes.

348 — Chatelaine en cuivre ciselé et doré de style Louis XVI.

349 — Trente-six pièces mignonnettes en argent. Jouets d'enfants, de travail hollandais, du XVIIIe siècle. Ce lot sera divisé.

350-355 — Trente-deux pièces diverses en argent : Cassolettes, pendeloques, petits vases, etc. Ce lot sera divisé.

356 — Quatre flacons dont deux en cristal montés en argent, un autre en cuivre et nacre et le dernier formé d'une petite coupe montée en argent.

357 — Égingle double formée de deux cœurs en argent et bouton double formant cachet.

MATIÈRES PRÉCIEUSES

358 — Cristal de roche. — Petit vase à pans finement gravé en creux et représentant le sujet d'Orphée charmant les animaux. Il est monté sur un pied à balustre avec base gravée. XVIe siècle.

359 — Cristal de roche. — Étui taillé à pans.

360 — Agate orientale. — Petite coupe ovale à pans, montée sur pied et à anses en argent doré. Époque Louis XIII.

361 — Agate rougeâtre. — Coupe ovale montée sur pied et à anses en argent gravé, découpé et doré. Même époque.

362 — Agate. — Deux pièces : Petite coupe ronde supportée par trois figurines debout en cuivre doré et amulette garnie en argent.

COUTEAUX, FOURCHETTES,

CUILLIERS ET GAINES

363 — Couteau à large lame mince et plate, avec manche d'ivoire surmonté du lion de Saint-Marc. XVe siècle.

364 — Couteau de peintre à large lame et manche uni en ambre. XVIe siècle.

365 — Couteau et fourchette à manches d'ivoire surmontés de chevaux marins et contenant de très fins bas-reliefs couverts par de l'ambre clair. XVIe siècle.

366 — Deux couteaux à manches d'ivoire formés de figurines debout représentant les vertus théologales, surmontées de mascarons. XVIe siècle.

367 — Couteau à manche d'ivoire formé de trois figurines debout et accolées. XVIe siècle.

368 — Couteau et fourchette à manches d'ivoire formés chacun d'une figurine d'enfant et de groupes de fruits.

369 — Couteau et fourchette à manches d'ivoire formés des figures d'Adam et d'Ève se détachant en bas-relief sur un tronc d'arbre.

370 — Trois couteaux à manches d'ivoire formés de figurines debout.

371 — Manche de couteau en ivoire formé de deux figures debout et d'ornements. XVIIe siècle.

372 — Couteau et fourchette à manches en corne de cerf se terminant par des têtes en ronde-bosse. Travail allemand.

373 — Deux fourchettes et un couteau à manches d'ivoire variés de formes.

374 — Deux fourchettes et un couteau à manches d'ivoire cloutés et garnis d'ornements rapportés en argent. La lame du couteau est gravée.

375 — Dix couteaux à manches formés chacun d'une figurine de saint personnage en bois sculpté. XVIIe siècle.

376 — Trois pièces : grande fourchette et petit couteau à manches en bois sculpté à mascarons et ornements, et couteau à manche en corne sculptée à figures. XVIIIe siècle.

377 — Deux petits couteaux pliants à manches en bois sculpté.

378 — Deux couteaux avec manches adhérents en fer gravé à trophées et doré sur fond bleui. XVIe siècle.

379 — Couteau et fourchette pliants à manches en cuivre gravé incrusté de nacre. XVIIe siècle.

380 — Huit pièces : couteaux et fourchettes à manches en cuivre et nacre gravés.

381 — Grande fourchette avec talon orné et repercé à jour et manche en bois.

382 — Grand couteau dont le talon et la douille sont gravés et dorés, avec manche en marbre. XVIe siècle.

383 — Deux couteaux et deux fourchettes à manches de jaspe et de cristal de roche. XVIIIe siècle.

384 — Trois couteaux et une fourchette à manches d'agate et de jaspe de diverses nuances.

385 — Fourchette montée à l'extrémité d'un petit pistolet en fer. XVIIe siècle.

386 — Couteau et fourchette dont les lames pénètrent dans les deux manches d'argent gravé, de nacre et d'écaille. XVIIIe siècle.

387 — Trois fourchettes et un couteau à manches en ivoire teint garnis d'appliques en argent.

388 — Couteau et fourchette pliants à manches gravés et décorés d'oiseaux et de fleurs dorés et argentés.

389 — Grand couteau pliant à manche de même travail que les deux pièces qui precèdent.

390 — Grand couteau plat et large à manche en cuivre incrusté d'une marqueterie de bois et d'ivoire. Dans son fourreau en cuir garni en cuivre gravé. XVe siècle.

391 — Couteau à manche de cuivre gravé formant pistolet. Il porte les noms de *Nicolaus Alter à Nüremberg*.

392 — Cinq grands couteaux à manches en corne; l'un d'eux forme poinçon et un autre a sa lame gravée et dorée.

393 — Cinq pièces : couteaux et fourchettes à manches en argent.

394 — Couteau pliant à double lame et manche incrusté d'argent gravé.

395 — Couteau pliant à manche en fer formant pince.

396 — Jolie petite gaine du XVIe siècle garnie en fer gravé et doré. Elle renferme deux petits couteaux et une fourchette à manches en fer gravé, doré et découpé, surmontés d'un petit vase.

397 — Neuf pièces : couteaux, fourchettes et cuiller à manches en porcelaine de Chantilly et autres.

398 — Cuiller, couteau et fourchette en argent doré et manches en porcelaine genre Saxe. Travail moderne.

399 — Couteau et fourchette avec manches et gaine en marqueterie de paille.

400 — Couteau Louis XV à lame mobile et manche en nacre gravée garni en or.

401 — Trois petits couteaux en fer gravé, n'en formant qu'un. Il porte le nom de *Jacques Potevin*. XVIe siècle.

402-405 — Trente-quatre pièces : couteau et fourchettes à manches variés de formes et de matières. Ce lot sera divisé.

406-408 — Vingt-quatre pièces : couteaux et fourchettes pliants à manches variés de formes et de matières. Ce lot sera divisé.

409 — Six petits couteaux à manches d'argent estampé, et placés dans une gaîne cylindrique, à base large en argent estampé et gravé. Le couvercle est surmonté d'un oiseau. XVIIe siècle.

410 — Couteau à lame mince et manche en cristal de roche, monté en argent, du XVe siècle, et trois grattoirs à manches d'ivoire.

411 — Petite gaîne contenant une cuiller, une fourchette et un couteau à manches de cuivre. XVIIIe siècle.

412 — Trois gaînes en cuir gaufré, dont deux du XVe et une du XVIe siècle.

413 — Gaîne en bois sculpté, représentant quantité de scènes tirées de l'histoire de l'Enfant prodigue. Travail flamand. Elle porte la date de 1595.

414 — Gaîne de même travail que celle qui précède, et représentant des sujets analogues. Elle porte la date de 1620.

415 — Autre gaîne en bois sculpté. Celle-ci offre des sujets tirés de l'Ancien Testament et porte la date de 1609.

416 — Petite gaîne en fer repoussé, décorée de mascarons, de fruits et d'ornements en relief. XVIe siècle.

417 — Autre gaîne en fer repoussé, représentant des scènes tirées de l'Ancien et du Nouveau Testament. Même époque.

418-419 — Six gaînes en fer repoussé, décorées de figures et d'ornements. L'une d'elles est découpée à jour.

420 — Petite gaîne en cuir gaufré, imitant la peau de chagrin. Elle est garnie en argent ciselé, à figures, mascarons, etc. XVIIe siècle.

421 — Gaîne à plusieurs compartiments en cuivre gravé et doré, et à mascarons en relief.

422 — Cuiller pliante formant fourchette, en argent gravé et à manche surmonté d'une figurine de sainte femme. XVIe siècle.

423 — Cinq cuillers en argent, dont trois à longs manches, ornés de mascarons et d'une graine. XVIe siècle.

424 — Quatre cuillers à sucre en argent, à manches cintrés. XVIIIe siècle.

425 — Quatre petites cuillers en argent gravé. Dans un étui en maroquin rouge, doré au fer. XVIIIe siècle.

426 — Quatre cuillers et une fourchette à manches pliants dont trois en acier, décorés d'ornements argentés et

dorés, et les deux autres à manches en cuivre ciselé et doré.

427 — Trente-cinq pièces : cuillers et fourchettes de diverses époques en cuivre.

428 — Sept pièces : cuillers et fourchettes en fer. Une des fourchettes a un très long manche se terminant par une tête d'animal fantastique.

429 — Quatre cuillers garnies en argent, dont trois en nacre et une en jaspe.

430 — Cinq cuillers et une fourchette en étain.

HORLOGERIE

ET INSTRUMENTS DIVERS

431 — Horloge de bureau de forme circulaire, avec cadran horizontal en cuivre finement gravé et doré. Beau travail allemand du XVIe siècle.

432 — Petite horloge allemande, sur pied hexagone en cuivre gravé, doré et découpé à jour. Le mouvement est placé dans une cloche de verre de forme sphérique et les heures sont indiquées par une figurine debout sur un cadran horizontal. XVIe siècle.

433 — Petite horloge circulaire et verticale en cuivre ciselé, repercé à jour et doré. Elle est montée sur un

pied à balustre en cuivre ciselé et doré, enrichi de deux consoles découpées à jour. XVIe siècle. Le mouvement date du XVIIIe siècle.

434 — Montre en forme de cœur, en cuivre doré avec cadran en argent émaillé. XVIe siècle.

435 — Montre de la fin du XVIe siècle, en cuivre ciselé, repercé à jour et doré, avec mouvement à réveil, et grosse montre Louis XIII en cuivre gravé, repercé à jour et doré. avec mouvement à réveil. Le cadran manque.

436 — Horloge allemande de forme carrée en bois noir et cuivre doré, surmontée d'un clocheton orné de figurines d'enfants. XVIe siècle.

437 — Quatre boîtiers de montres en cuivre gravé et découpé à jour. Époque Louis XIII.

438 — Grand compas avec équerre portant les divisions du cercle en cuivre gravé et doré, et portant le nom de *Rafaël Raspon*. XVIe siècle.

439 — Instrument astronomique de forme circulaire en cuivre gravé et doré, portant sur une de ses faces l'inscription suivante : SERENISSIMO PRINCIPI AC DOMINO. D. ALBERTO. ARCHIDVCI. AUSTRIAE. ETC. ROMA. ECCLESIAE. PRESB. CARDINALI. TIT. S. CRVCIS. IN HIERVSALEM. ETC. PRINCI. SVO. ET. DNO. CLEMENTISSIMO. FECIT. B. H. VIENNAE AVSTRIAE MDLXXXIIII.

440 — Deux mires de pointeurs, l'une d'elles en cuivre gravé et doré du XVIe siècle.

441 — Trois mires d'arpenteurs en cuivre, du XVIIIe siècle.

442 — Cadran solaire placé dans une boîte en cuivre gravé et doré. Travail allemand du XVIe siècle.

443 — Cadran solaire en forme de boîte circulaire en cuivre gravé et doré. Cette pièce porte les noms de Christophorvs Schissler Faciebat Auguste. Anno 1562.

444 — Petit cadran solaire contenu dans une boîte, à long manche en cuivre ciselé et doré. Le couvercle est décoré d'un portrait d'homme peint sur verre en couleurs et or sur fond rouge. XVIe siècle.

445 — Cadran solaire de forme rectangulaire en argent gravé, portant l'inscription suivante : *Inventé par Julien Le Roy de la Société des arts à Paris.*

446 — Trois pièces : deux cadrans solaires de forme octogone en cuivre gravé, et petite boîte carrée en cuivre gravé et doré ayant contenu un cadran solaire. XVIe siècle.

447 — Quatre cadrans solaires de forme octogone allongée, dont un en argent gravé et les trois autres en cuivre gravé. XVIIe siècle.

448 — Six cadrans solaires en ivoire, dont quatre formant boîtes, des XVIe et XVIIe siècles. Ce lot sera divisé.

449 — Trois instruments de mathématiques en cuivre, dont un compas en cuivre gravé et doré du XVIe siècle.

450 — Horloge de nuit en cuivre gravé à fleurs, à cadran vertical tournant. Elle porte le nom d'Augustin Polard à Marseille. XVIIe siècle.

451 — Deux binocles avec monture en argent doré du temps de l'empire.

452 — Binocle monté en argent, avec étui en nacre gravée et plaquée d'argent. XVIIIe siècle.

453 — Deux pièces : binocle en cuivre doré et autre binocle monté dans une boîte d'écaille garnie en argent.

454 — Lorgnette pliante en argent. Dans sa boîte en racine de buis. XVIIIe siècle.

455 — Deux instruments de chirurgie dans des boîtes en cuivre, dont l'une est gravée, dorée et porte un écusson armorié.

FERS OUVRÉS

456 — Fermoir d'escarcelle en fer finement ciselé, à mascarons et enrichi d'un joli décor d'ornements damasquinés d'or. XVIe siècle.

457 — Fermoir d'escarcelle en fer, à ornements gothiques découpés à jour. XVe siècle.

458 — Fermoir d'escarcelle de même travail, avec monument à clochetons à sa partie supérieure.

459 — Deux fermoirs d'escarcelle en fer, l'un d'eux à torsades et l'autre à ornements découpés. XVIe siècle.

460 — Deux fermoirs d'escarcelle en fer, l'un d'eux gravé à ornements, et l'autre décoré de mufles de lion. XVIe siècle.

461 — Serrure, dont la face est décorée de deux panneaux en fer gravé et découpé à jour, avec chiffres et ornements. Le centre de la plaque est occupé par un cache-entrée de forme monumentale, avec colonnettes et fronton découpé et mascaron en relief. XVIIe siècle.

462 — Serrure analogue à celle qui précède, mais beaucoup plus petite. Celle-ci est accompagnée de sa clef avec tête carrée découpée à jour.

463 — Plaque de serrure, de même travail, avec colonnettes coniques. Le cache-entrée manque.

464 — Serrure décorée d'ornements, d'un mascaron et d'une cariatide en fer gravé et découpé à jour. XVIIe siècle.

465 — Serrure couverte par une plaque de cuivre gravée, à attributs divers et portant l'inscription suivante : *Approuvé de l'Académie des Sciences, inventé et exécuté par Poux Landry, Mécanicien Bréveté du* C^{dr t} *Roi et de la Reine, Rue Sainte-Foi, n°* 376, *à Paris.*

466 — Plaque de serrure gothique, à côtés cintrés et rentrants, les angles se terminant par des palmettes gravées. Le moraillon manque. XVᵉ siècle.

467 — Plaque de serrure à bords découpés, et moraillon orné d'un dragon saillant. XVᵉ siècle.

468 — Plaque de serrure incomplète, avec ornements repoussés, gravés et découpés à jour. XVᵉ siècle.

469 — Grande serrure à ornements découpés, et autre fleurdelisé rapporté en relief. XVᵉ siècle.

470 — Petite serrure carrée à verrou en fer, à feuillage gravés et découpés. XVᵉ siècle.

471 — Deux entrées de serrure, dont une gravée, à pilastre mobile formant cache-entrée, du XVIᵉ siècle, et l'autre avec colonnettes et fronton.

472 — Grande plaque de serrure, de forme rectangulaire, en fer repoussé à entrelacs et alérions. XVIᵉ siècle.

473 — Plaque de serrure en fer repoussé, à double entrée séparées par un chiffre et des palmes. XVIᵉ siècle.

474 — Verrou du XVᵉ siècle, en fer, à ornements découpés.

475 — Trois verrous ou plaques de verrous, de forme rectangulaire en hauteur, en fer repoussé, à cariatides, mascarons et ornements variés. XVIᵉ siècle.

476 — Quatre autres verrous, de même forme, la plaque de l'un d'eux est décorée de deux figures d'enfants en relief, et l'autre de rinceaux. XVIᵉ siècle.

477 — Verrou arrondi à ses extrémités, avec plaque en fer repoussé décorée d'ornements et d'une cariatide tenant une épée de chaque main. XVIe siècle.

478 — Grande plaque de serrure, de forme rectangulaire, en fer repoussé. Au centre d'un cartouche ovale, souverain tenant un écusson armorié. A droite et à gauche, figures de femmes nues tenant chacune une épée. XVIe siècle.

479 — Deux plaques de verrous arrondies à leurs extrémités, en fer repoussé. L'une d'elles porte le chiffre et les armes couronnées de Catherine de Médicis.

480 — Trois plaques de serrures, l'une en hauteur en fer repoussé à mascaron et feuilles, la seconde fleurdelisée de forme ovale et la troisième en fer ciselé à rinceaux.

481-483 — Vingt-trois verrous avec plaques en fer repoussé à ornements. L'une d'elles porte la lettre H couronnée. XVIe siècle. Ce lot sera divisé.

484 — Cinq entrées de serrures en fer repoussé à ornements. XVIIe siècle.

485 — Quatre mascarons variés en fer repoussé. XVIIe siècle.

486 — Grande plaque rectangulaire, une rosace et une palmette en fer repoussé. XVIIe siècle.

487 — Deux pièces : loqueteau avec plaque découpée haut et bas, et serrure de coffre avec plaque découpée; le tout doré. XVIIe siècle.

488 — Deux pièces : verrou avec plaque découpée et bouton formé d'un mascaron, et cadenas à système incrusté de filets de cuivre.

489 — Serrure avec plaque ovale, en fer gravé et fleurons découpés au pourtour. XVIe siècle.

490 — Grande serrure et sa clef en fer, décorée d'ornements et d'animaux ciselés et repercés à jour. Pièce de maîtrise portant l'inscription suivante : *F. Hyacintus Asculanus Ordinis. Pred. Anno* 1674.

491 — Serrure d'armoire, avec longues tiges en fer gravé à entrelacs. XVIe siècle.

492 — Enseigne, composée du blason de France et de rubans en fer forgé.

493 — Deux petits cadres rectangulaires en fer ciselé, à feuilles de lauriers et ornements rapportés aux angles. XVIIIe siècle.

494 — Deux marteaux de porte en fer, l'un d'eux orné d'un lézard, et l'autre contourné à boules ciselées.

495 — Deux pièces : 1° poignée en fer ornée d'une grecque, d'une large feuille, d'une guirlande de laurier et d'une tête de cygne ; 2° dragon ailé.

496 — Deux pièces : verrou en fer repoussé à ornements, et attache en fer ciselé à mascaron et portant des traces de dorure. XVIe siècle.

497 — Deux pièces : entrée de serrure de forme monumentale à colonnettes et fronton, et loqueteau d'armoire avec plaques découpées.

498 — Trois pièces en fer : deux plaques repoussées à buste de guerrier et mufle de lion et crochet garni d'une ancienne garde d'épée ciselée à ornements.

499 — Deux larges crochets de ceinture, en fer ciselé et découpé, garnis de chaînettes.

500 — Boîte rectangulaire à couvercle en fer gravé, décorée d'ornements argentés et dorés, avec compartiments à l'intérieur. XVIIIe siècle.

501 — Porte en fer forgé, à rosaces rapportées ; elle est cintrée à sa partie supérieure. XVIIe siècle.

502-504 — Quinze grils en fer, variés de formes et de dimensions, des XVIe et XVIIe siècles ; quelques-uns à plaques tournantes.

505 — Trois pièces en fer : Écumoire, pelle repercée à jour et fourchette à long manche.

506 — Pot cylindrique en fer à long manche et à couvercle repercé à jour.

507-508 — Douze flambeaux en fer, de formes et d'époques variées. Ce lot sera divisé.

509 — Huit lampes variées de formes, en fer.

510 — Quatre porte-viande en forme de couronnes en fer ; l'un d'eux fleurdelisé. XVIe et XVIIe siècles.

511 — Marmite en fer avec couvercle fleurdelisé.

512 — Neuf balances variées de formes, appliquées sur un tableau en bois peint.

513 — Tableau analogue sur lequel sont appliquées quatorze balances ou parties de balances.

514 — Brasero en fer, reposant sur un seul pied et en forme de vase xviie siècle.

515 — Réchaud en fer, reposant sur trois pieds en fer, avec entrejambes en forme de vase. xviie siècle.

516 — Grande balance avec large fléau en fer forgé et découpé à jour. xviie siècle.

517 — Porte-balance à ornements et feuillages en fer forgé et peint. xviie siècle.

518 — Porte-enseigne à rinceaux et tête de coq en fer forgé.

519 — Grande crémaillère en fer forgé à ornements formant la croix. xvie siècle.

520 — Crémaillère analogue à celle qui précède.

521 — Grand trépied en fer forgé pour brasero, modèle à rinceaux. xvie siècle.

522-527 — Douze autres trépieds ou supports pour braseros variés de formes, en fer forgé.

528 — Porte-bougie avec branche à brisures et longue tige en hauteur en fer.

529 — Pied de table en fer forgé sur pied à trois consoles.

530 — Trois landiers en fer, variés de formes et de dimensions.

531 — Flambeau à deux lumières, en fer.

532 — Quatre branches porte-lumière en fer forgé à fleurs et feuillages.

533 — Petite porte cintrée à sa partie supérieure, en fer forgé à quadrillages et rosaces et conservant des traces de dorure. XVIe siècle.

534 — Petite porte carrée à rinceaux en fer forgé. XVIIe siècle.

535 — Cage carrée à dôme et tabouret en fil de fer.

536 — Cage hollandaise en fil de fer, garnie en cuivre jaune, découpé à jour. XVIIe siècle.

537 — Serrure de porte à six verroux. XVIIe siècle.

538-542 — Cinq porte-enseignes en fer forgé à rinceaux, feuillages et ornements, variés de formes, des XVIe et XVIIe siècles. Ce lot sera divisé.

543 — Deux grilles de forme contournée en fer forgé, l'une d'elles porte les initiales A. P. XVIIe siècle.

544 — Deux petites marmites, dont l'une double en fonte de fer. Cette dernière porte le nom de Le Bègue ainsi que la date de 1696.

545-548 — Neuf fers à repasser pour tailleurs en fer et cuivre, quelques-uns accompagnés de leurs supports. Ce lot sera divisé.

549 — Cinq grands compas de charpentiers en fer.

550-554 — Treize moules à gaufres, à oublis et à hosties, en fer gravé des XVe, XVIe et XVIIe siècles.

555 — Quatre moules circulaires en fer gravé, pour gaufres.

556 — Landier de style gothique en fer à double branche.

557 — Cinq pincettes, dont une à ornements découpés.

558 — Deux jolies consoles Louis XV en fer forgé, à enroulements et feuillages.

559 — Dix maillons gothiques pour lustres en fer forgé à enroulements.

560 — Trois scies en fer dont une damasquinée d'or et du XVIe siècle.

561 — Autre jolie scie provenant d'une trousse de veneur en fer gravé, ciselé et doré, et manche garni d'ivoire gravé. XVIe siècle.

562 — Sécateur en fer gravé et doré en partie. XVIe siècle.

563 — Trois autres sécateurs en fer, l'un d'eux gravé et conservant des traces de dorure.

564 — Six ciseaux à ressorts, dont deux gravés conservant des traces de dorure. XVIe siècle.

565 — Deux autres ciseaux à ressorts, l'un d'eux dans sa gaîne en fer gravé.

566 — Cartouchière du XVIe siècle en fer repoussé à ornements et mascarons.

567 — Trois pièces provenant d'une arquebuse : fourche en fer à rosaces découpées, batterie à rouet dont le chien est incomplet et clef formant tourne-vis. XVIIe siècle.

568 — Boucle de ceinturon de chasse en fer ciselé à ornements et damasquiné d'or. XVIIIe siècle.

569 — Agrafe de ceinturon de chasse en acier damasquiné d'or et d'argent à sujets de chasse et ornements. XVIIIe siècle.

570 — Pupitre en fer découpé à jour à rosaces et ornements. XVIIe siècle.

571 — Mors de cheval en fer étamé gravé et repercé à jour.

572 — Trois instruments de chirurgie en fer, dont un du XVIe siècle.

573 — Diverses grilles pour fers à repasser et pour fourneaux en fer forgé variés de formes.

574 — Serrure décorée d'ornements en fer découpé à jour. XVIIe siècle. La clef n'a pas été terminée.

575 — Huit cadenas en fer variés de formes et d'époques.

576 — Quinze plaques en fer repoussé ou découpé, la plupart provenant de marteaux ou de poignées de portes.

577 — Trois clefs avec entrées de serrures ajustées. XVIIe siècle.

578 — Deux serrures gothiques, l'une d'elles à plaque découpée et l'autre avec mécanisme visible.

579 — Cinq pièces : chaufferette et quatre petits réchauds en fer.

580 — Quatre pièces : entrées ou parties de serrures des XVe et XVIe siècles.

581 — Serrure avec plaque en cuivre ciselé. XVIIIe siècle.

582 — Marteau de porte en fer composé d'un mascaron et de deux dauphins. XVIIe siècle.

583 — Marteau de porte en fer composé d'enroulements feuillagés.

584 — Marteau de porte en fonte de fer composé d'un mascaron et de deux figurines d'enfants supportant un écusson armorié.

585-589 — Vingt-cinq marteaux ou poignées de portes en fer variés de formes et de dimensions.

590 — Marteau de porte en fer avec lézard et mascaron ciselés rapportés. XVIe siècle.

591 — Quatre poignées de porte en fer, modèle à coquilles.

592 — Cadenas à longue tige en fer à ornements découpés. XVIIe siècle.

593 — Cranequin à poulies en fer à ornements découpés à jour et à double manivelle. XVIe siècle.

594 — Cranequin analogue à celui qui précède. XVIe siècle.

595 — Petite arbalète en bois et fer. XVIe siècle.

596 — Muselière de cheval en fer découpé à figures de lion et autres animaux. XVIe siècle.

597 — Grand compas en fer avec vis de rappel garnie de deux ornements en cuivre jaune découpé.

598 — Six petites pelles et une pince à feu en fer.

599 — Cuiller à long manche orné d'entrelacs à jour.

600-605 — Cent quinze clefs antiques, du moyen âge, de la Renaissance et des temps modernes, en fer et en bronze. Ce lot sera divisé.

606 — Passe-partout double avec attache en fer découpé et doré. XVIIe siècle.

607 — Clef en fer à tête ciselée à mascarons, figurines et ornements découpés. XVIe siècle.

608 — Trois clefs en fer, l'une d'elles offre la lettre F entourée d'ornements ciselés.

609 — Huit boutons de porte en fer ciselé des XVIe et XVIIe siècles. L'un d'eux simule la lune.

610 — Grande serrure carrée avec plaque simulant des clous.

611 — Large moraillon de coffre en fer à ornements gravés. Travail espagnol du XVIe siècle.

612 — Huit pièces : poignards, hallebarde, fer de lance gravé, etc.

613 — Deux petits pistolets à crosses ornées de mufles de lion en argent.

614 — Trois briquets et deux batteries de fusil en fer.

615 — Trois moules à balles en fer.

616 — Six coins ou matrices en fer des XVIIe et XVIIIe siècles.

617 — Trois chausse-pieds en fer. L'un d'eux est gravé et daté du XVIe siècle.

618 — Huit outils divers : Marteaux, hachette, compas, outils de tonnelier, etc.

619 — Étui plat en forme de livre en fer damasquiné d'or. Il offre sur chacune de ses faces un éléphant encadré d'ornements. XVIe siècle.

620 — Quatre outils en acier avec manches en marqueterie de cuivre et écaille rouge.

621 — Sept petits boutons de porte, la plupart découpés à jour.

622 — Quinze pièces diverses : ustensiles, mesure de cordonnier, etc.

623 — Quatre pièces en fer : patère, éperon, etc.

624 — Quatre vilebrequins, dont trois en fer et un en cuivre.

625 — Quatre pommes de canne en fer ciselé, dont une repercée à jour.

626 — Six pinces ou casse-noisettes en fer.

627 — Petit nécessaire en fer composé de divers ustensiles et avec tête repercée à jour.

628 — Paire de ciseaux à lames gravées et dorées et anneaux d'argent surmontés d'oiseaux. xvie siècle.

629 — Deux paires de ciseaux Louis XV en acier ciselé et damasquiné d'or.

630 — Deux paires de ciseaux, l'une de travail oriental avec ornements dorés, l'autre avec garniture en argent.

631 — Trois tire-bouchons en acier ciselé, l'un d'eux damasquiné d'or. xviiie siècle.

632 — Quatre cachets Louis XIII en acier ciselé, dont deux formant étuis.

633 — Deux dévidoirs et une monture de pelote en fer poli.

634 — Batterie de fusil à pierre en fer ciselé à fleurs et animaux.

635 — Appuie-main pour tour d'horlogerie en fer. (xviie siècle) et trois autres pièces, modèles d'outils ou emblèmes.

636 — Quatre tire-bouchons, dont trois avec enveloppes découpées à jour.

637 — Quatre petites serrures pour coffrets en fer gravé et doré. xvie siècle.

638 — Deux crochets porte-épée en fer ciselé. xviie siècle.

639 — Neuf pièces diverses en fer : casse-noisettes, poinçons, compas, etc.

640 — Trois pièces en fer : petit buste d'homme et deux têtes de lions formant boutons de portes.

641 — Quatre pièces : étui cylindrique décoré d'ornements dorés, boîte plate incrustée d'argent et de cuivre et deux dés ciselés.

642 — Trois étuis à cire ; l'un d'eux en fer, un autre en argent et le dernier en cuivre ; tous trois gravés à armoiries.

643 — Neuf cachets-breloques en fer, cuivre et argent.

644 — Potence en fer découpé et doré supportant un quadruple sablier garni en cuivre estampé. XVIe siècle.

MOUCHETTES

ET PORTE-MOUCHETTES

645 — Mouchettes en fer damasquiné d'or portant un écusson armorié. XVIIIe siècle.

646 — Mouchettes en acier ciselé à fleurs et ornements sur fond doré : elles sont montées sur roulettes. Époque Louis XV.

647 — Quatre mouchettes en fer ciselé. XVIIIe siècle.

648 — Quatre mouchettes en forme de cisailles en fer. XVIe siècle.

649 — Porte-mouchettes en fer à plateau rond à bords découpés.

650-651 — Quatre mouchettes en forme de cisaille en cuivre jaune, l'une d'elles surmontée d'une figurine debout. XVIe siècle.

652 — Mouchettes avec support en forme de bougeoir, le tout en cuivre jaune. XVIIe siècle.

653 — Mouchettes de la fin du XVIe siècle en cuivre ciselé les tiges sont formées de cariatides.

654-657 — Seize mouchettes et cinq plateaux porte-mouchettes en cuivre jaune des époques Louis XIII, Louis XIV et Louis XV. Ce lot sera divisé.

658 — Mouchettes et porte-mouchettes Louis XV en argent ciselé et repoussé.

659 — Mouchettes en forme de cisailles en fer découpé et fleur de lis ciselée. Époque Louis XIII.

BRONZES, CUIVRES, DINANDERIE

660 — Petit groupe en bronze composé de deux enfants tritons tenant un poisson. Modèle de fontaine de la fin du XVIe siècle.

661 — Bouton de porte formé d'une tête fantastique. Bronze du XVIe siècle.

662 — Bouton de porte en bronze formé d'un buste d'enfant. Italie. XVIe siècle.

663 — Statuette de femme satyre debout en cuivre doré. Elle porte une corbeille de fruits de chaque main. XVIe siècle.

664 — Marteau de porte en bronze formé de deux mascarons, de deux dauphins et d'une figurine de génie debout. Bronze italien du XVIe siècle.

665 — Support de flambeau en bronze, à balustre décoré de feuilles en relief et à trois pieds à griffes de lion. XVIe siècle.

666 — Trois porte-verre en cuivre doré en partie, l'un d'eux formé d'une figurine de sauvage debout et les deux autres d'un porc et d'une lionne. XVIe siècle.

667 — Deux poignées de porte en bronze ciselé à ornements. XVIIe siècle.

668 — Statuette d'Amphitrite en bronze, disposée pour fontaine; elle repose sur une sphère ornée, dorée en partie et garnie de deux ailes.

669 — Mortier en bronze, à festons de lauriers en relief anses formées de dauphins et inscription allemande : Maria Hilf Uns, 1513.

670 — Petit mortier en bronze, décoré de mascarons et de cariatides en relief. XVIe siècle.

671 — Mortier en métal de cloche, offrant en relief divers groupes ou figurines, des fleurs de lis ainsi que les bustes conjugués de Henri IV et de Marie de Médicis surmontés de la couronne royale.

672 — Mortier en bronze, décoré au pourtour de huit figures d'adolescent soufflant de la trompe. XVIe siècle.

673 — Petit mortier du XVIe siècle en bronze, offrant au pourtour des bustes, des médaillons et des cariatides en relief.

674 — Mortier en bronze, décoré de mascarons et de cariatides en relief. XVIe siècle.

675-684 — Trente-cinq mortiers dont trente-trois en bronze et deux en fer, variés de dimensions, de décors et d'époques. Ce lot sera divisé.

685 — Marteau de porte, formé d'un dragon en bronze vert. XVIIIe siècle.

686 — Trois mascarons en bronze, pouvant servir de modèles : mascaron fantastique, autre entouré d'ornements et tête de bouc pour anse.

687 — Bouton de porte en bronze ciselé, portant les L enlacées de Louis XVI.

688 — Sirène ailée en cuivre ciselé et doré. XVIIe siècle.

689 — Deux médaillons ronds en bronze : Groupe de guerriers, en costumes du temps de Henri IV et le jugement de Salomon.

690 — Deux pièces en cuivre : petite lampe juive avec applique ornée d'un vase et de deux lions et bas-relief représentant la sainte Famille. XVIIe siècle.

691 — Enseigne en cuivre jaune ciselé, découpé à jour, et ornée d'un mufle de lion.

692 — Deux robinets en cuivre ciselé, à têtes de cygne, pour salle de bains. XVIIIe siècle.

693 — Deux boîtes oblongues en cuivre gravé. Travail hollandais du XVIIIe siècle.

694 — Petite bombarde, portant un chiffre en relief ainsi que la date de 1733.

695 — Aquamanile formé d'un lion debout, en cuivre. XIIIe siècle.

696 — Aquamanile analogue, mais plus petit.

697 — Secchia en cuivre à double goulot à têtes d'animaux et à anse mobile reliée à la pièce par deux mascarons. XVe siècle.

698 — Secchia en cuivre gravé à entrelacs et lauriers, avec anse mobile unie. Travail vénitien du XVIe siècle.

699 — Secchia analogue, avec anse ornée de deux animaux fantastiques. Mêmes travail et époque.

700 — Secchia en cuivre à double goulot et à anse mobile reliée à la pièce par deux mascarons.

701 — Secchia analogue, mais de moindres dimensions.

702 — Deux seaux à anse mobile en cuivre uni.

703 — Bassin rond en bronze, offrant au pourtour une frise de danseurs en bas-relief, ainsi qu'une longue inscription latine et la date de 1554.

704 — Bassin rond couvert en métal de cloche, décoré au pourtour d'une frise d'amours et d'ornements en bas-relief. Ce couvercle offre un motif d'ornement cinq fois répété. Travail allemand du XVIe siècle.

705 — Bassin rond analogue à celui qui précède. Celui-ci porte deux écussons armoriés, et son couvercle est décoré de deux chiens assis en relief.

706 — Autre bassin à couvercle en métal de cloche, décoré de vases de fleurs, de dragons et de bustes de femmes. Travail allemand du XVIe siècle.

707-709 — Cinq bassins ronds, dont quatre à couvercles, de travail analogue. Ce lot sera divisé.

710 — Chaudron gothique en cuivre jaune, à anse trilobée. XVe siècle.

711-717 — Quatorze chaudrons à trois pieds et à anse, en cuivre ou en métal de cloche, variés de forme. Quelques pièces offrent au pourtour des ornements en relief. Ce lot sera divisé.

718-721 — Neuf bénitiers à anse mobile en forme de vases en cuivre, variés de formes, des XVe et XVIe siècles. Ce lot sera divisé.

722 — Vase ovoïde à goulot formé d'une tête fantastique, et à poignée surélevée. XVIe siècle.

723 — Vase ovoïde en cuivre gravé à ornements et à deux anses à rinceaux et cariatides. XVIe siècle.

724-730 — Quatorze plats en cuivre repoussé, à décors variés. Travail allemand du XVIe siècle. Ce lot sera divisé.

731 — Grand et beau bassin rond en cuivre jaune, décoré au centre des figures d'Adam et d'Ève, et au pourtour de mufles de lions et de fleurs. Allemagne, xve siècle.

732 — Plat rond en cuivre gravé, à entrelacs et ornements variés, et portant au centre un écusson armorié. Travail vénitien du xvie siècle.

733-736 — Douze bassins ronds ou plats creux en cuivre jaune, décorés d'ornements variés en relief. Travail allemand des xve et xvie siècles.

737-739 — Neuf moules à pâtisserie en cuivre rouge, décorés de figures et d'ornements variés.

740 — Plaque octogone en hauteur en cuivre rouge repoussé, à mascaron au centre et groupes de fruits au pourtour.

741 — Deux appliques en hauteur, simulant des consoles en cuivre repoussé à enroulements, têtes de chérubins et groupes de fruits. Époque Louis XIII.

742 — Deux seaux à anse mobile en cuivre rouge repoussé à figures et ornements. xvie siècle.

743 — Coupe ronde ou bassin en cuivre rouge repoussé, à rinceaux et animaux, et à couvercle découpé à jour. xvie siècle.

744 — Boîte ovale à deux compartiments et à couvercle en cuivre rouge, gravé à palmettes et ornements.

745 — Petite gourde piriforme en cuivre rouge repoussé, à ornements feuillagés. Travail italien du XVIe siècle.

746-748 — Six bassinoires en cuivre rouge repoussé et découpé, dont cinq avec manches. XVIIe siècle.

749 — Quatre dessus de bassinoires en cuivre rouge découpé à jour. Même époque.

750-751 — Trois garde-cendre en cuivre jaune repoussé, à groupes de fruits et ornements. Ce lot sera divisé.

752 — Huit cuillers à longs manches en cuivre, de diverses époques.

753 — Vase piriforme renversé, à couvercle et à deux anses à anneaux, en cuivre rouge battu, à branches de fleurs et rinceaux en relief. XVIIe siècle.

754 — Grande jardinière ovale en cuivre rouge repoussé, à godrons, reposant sur quatre griffes de lion et à deux anses torses.

755 — Vasque ou jardinière, analogue à celle qui précède mais moins grande.

756-761 — Six jardinières ovales en cuivre battu, variées de dimensions et de décors. Elles seront vendues séparément.

762 — Seau de forme ronde à deux anses torses surélevées, en cuivre rouge battu. Il est décoré au pourtour des figures des apôtres. Travail français du XVIIe siècle.

763 — Deux pièces : seau à main et jardinière de forme ovale en cuivre jaune battu à ornements en relief. Travail hollandais du XVIIe siècle.

764 — Réchaud en cuivre jaune avec frise à sa partie inférieure découpée à jour. XVIIe siècle.

765 — Daubière en cuivre rouge ; le couvercle repoussé est décoré de poissons et de fleurs.

766 — Trois supports ronds en cuivre à ornements et cariatides ciselés et découpés à jour. XVIe siècle

767 — Deux réchauds carrés en cuivre jaune à ornements repoussés sur le couvercle et découpés à jour. XVIIe siècle. Deux réchauds ronds en cuivre jaune l'un d'eux à galerie gravée et découpée.

768 — Boîte à sel en cuivre rouge gravé à ornements.

769 — Grand hanap du temps de Louis XIV en cuivre argenté.

770-774 — Treize plats ou plateaux en cuivre jaune ou rouge, variés de formes et de dimensions ; l'un d'eux est repoussé et découpé.

775 — Deux pièces : arrosoir et corbeille ovale à anse surélevée en cuivre jaune battu à ornements en relief. XVIIe siècle.

776 — Vase à goulot, tête chimérique et à anse surélevée en cuivre rouge battu. XVIIe siècle.

777 — Porte-flacons oblong à deux places, en cuivre rouge battu et découpé à jour. XVIIe siècle.

778 — Seau à rafraîchir de forme octogone en cuivre avec anses à mascarons ciselés et dorés. Époque Louis XIV.

779-780 — Cinq chaufferettes en cuivre jaune repoussé et découpé, variées de formes et de décors. XVIIe siècle.

781 — Veilleuse cylindrique et à couvercle, en cuivre jaune repoussé à fleurs et découpé à jour, reposant sur trois pieds cintrés. XVIIe siècle.

782 — Brasero en forme de vase en cuivre jaune à côtes et ornements rocaille en spirale. XVIIIe siècle.

783 — Fontaine cylindrique à couvercle en cuivre jaune.

784 — Quadruple sablier avec monture en cuivre jaune à ornements en relief. XVIe siècle.

785 — Trois gueux en cuivre jaune dont deux repoussés à ornements et le troisième gravé et portant les noms de *Johanna Catharina Steenot* et la date de 1726.

786 — Dix petites pelles à feu en cuivre.

787 — Deux écritoires de ceinture en cuivre, l'une d'elles gravée et repercée à jour. Travail oriental.

788 — Deux couperets à manches en cuivre, ornés de têtes de lions. XVIe siècle.

789 — Chauffe-pieds cylindrique en cuivre, portant les noms gravés de : *Sœur Catherine Pote* et la date de 1655.

790 — Chauffe-mains en forme de livre en cuivre gravé.

791 — Quatre cloches dont deux à mains et fleurdelisées.

792 — Quatre boîtes à savon de forme sphérique en cuivre argenté dont deux repercées à jour. Époque Louis XIV.

793 — Brasero sur pied à trois consoles en cuivre jaune. XVIe siècle.

794 — Vase ovoïde en cuivre rouge, repoussé à godrons. XVIIe siècle.

795 — Fontaine à café en forme de vase hexagone à trois robinets, à deux anses à enroulements et reposant sur trois figurines accroupies. Le tout en cuivre jaune et la panse décorée de rinceaux en relief. XVIIIe siècle.

796 — Fontaine en cuivre rouge, décorée d'ornements et reposant sur trois pieds en cuivre jaune.

797 — Fontaine en cuivre jaune uni à deux anses, à trois robinets et reposant sur trois pieds.

798 — Fontaine de forme conique en cuivre jaune battu, à deux anses à enroulements et à trois pieds cintrés.

799 — Grande cafetière en cuivre rouge repoussé à ornements rocaille et fleurs. XVIIIe siècle.

800 — Petite buire à anse et goulot à tête d'animal, en cuivre jaune. XVe siècle.

801 — Buire et son bassin en cuivre battu gravé, et portant des traces de dorure. Travail turc du XVIIIe siècle.

802 — Petite cafetière en cuivre rouge repoussé, à figures et ornements. XVIIIe siècle.

803 — Fontaine en cuivre rouge en forme de dauphin.

804 — Trois pièces en cuivre jaune : chocolatière gravée, petit vase surmonté d'un chien couché et petit vase à anse.

805 — Deux petits seaux en cuivre repoussé ; l'un d'eux a été argenté.

806 — Bénitier en bronze avec applique ornée d'une figure de saint Victor et de têtes de chérubins. La coupe est formée d'une tête de Christ.

807 — Buire orientale à panse aplatie en cuivre gravé et étamé.

808 — Grande fontaine en forme de vase, à deux anses et à trois robinets. XVIIIe siècle.

809 — Fontaine analogue en cuivre rouge repoussé. XVIIIe siècle.

810 — Petite fontaine en cuivre rouge, à côtes, avec anses et pieds en bronze à rinceaux. XVIIIe siècle.

811-813 — Trois fontaines à thé en forme de vase, à deux anses; l'une d'elles en cuivre rouge est décorée d'ornements repoussés.

814 — Trois pièces en cuivre estampé : un bidon et deux flacons à thé de forme carrée.

815 — Trois cafetières en cuivre argenté.

816 — Vase à anse et à goulot reposant sur trois pieds, en bronze. XVIe siècle.

817 — Trois théières, dont deux en cuivre jaune, et la dernière en cuivre rouge finement gravé. XVIIIe siècle.

818 — Quatre réchauds en cuivre, l'un d'eux gravé, à rinceaux et têtes de dragons et à trois pieds, à têtes d'animaux et mascarons.

819 — Deux cafetières, l'une d'elles en cuivre bronzé et doré en partie, l'autre en cuivre jaune à côtes, en spirale.

820 — Seau à braise en cuivre rouge battu, décoré de godrons et d'ornements gravés. XVIIe siècle.

821 — Seau en cuivre rouge gravé et à anses à mufles de lion. XVIIe siècle.

822 — Vase hexagone surbaissé et à couvercle en cuivre jaune décoré d'ornements saillants. XVIIe siècle.

823 — Deux réchauds ronds en cuivre, à feuilles repoussées sur fond découpé à jour. XVIIIe siècle.

FLAMBEAUX, LAMPES

ET LANTERNES

824 — Deux flambeaux à double branche et sur base large en cuivre jaune en deux dimensions. xve siècle.

825 — Flambeau à longue pointe porte-cierge, en cuivre jaune, avec large plateau supporté par trois pieds flanqués de lions assis. xve siècle.

826 — Flambeau à tige tournée et bassin crenelé, en cuivre jaune, reposant sur trois lions assis. xvie siècle.

827 — Flambeau à tige à pans, en cuivre jaune, avec large plateau rond supporté par trois pieds flanqués de lions assis. xve siècle.

828-829 — Dix flambeaux à longues tiges et larges bases rondes en cuivre tourné. xvie siècle.

830-836 — Quarante-six flambeaux en cuivre, variés de formes, des xvie et xviie siècles.

837 — Deux flambeaux de voyage, en cuivre, se plaçant démontés, dans une sorte de boîte lenticulaire.

838 — Trois bougeoirs en cuivre jaune. xviie siècle.

839 — Deux bougeoirs en cuivre, l'un d'eux du temps de Louis XIV, et l'autre du temps de Louis XV.

840 — Bougeoir ou flambeau bas, sur base rectangulaire, en acier incrusté.

841 — Flambeau de table à jouer à deux lumières, formé de deux colonnettes, sur base oblongue, en bronze ciselé, à guirlandes de chêne. Époque Louis XVI.

842 — Lampe à trois becs en cuivre argenté.

843 — Grand flambeau avec porte verrine, en cuivre jaune à base tournée et tige cylindrique. XVIIe siècle.

844 — Flambeau porte-mouchettes, à deux lumières, en cuivre argenté. Époque Louis XIV.

845 — Flambeau-écritoire en acier incrusté d'argent, et le dessus en cuivre doré, avec têtes d'oiseaux aux angles. XVIIe siècle.

846 — Flambeau en cuivre jaune, garni de divers ustensiles. XVIIe siècle.

847-848 — Un flambeau et cinq lampes en verre; deux des lampes sont montées en étain.

849-852 — Quatre grandes lanternes à main, dont deux de forme cylindrique, une carrée, et la dernière hexagone, avec monture en cuivre jaune découpé et repoussé. Travail flamand du XVIIe siècle.

853 — Lanterne à main de forme carrée, avec monture en bois sculpté. XVIIe siècle.

854-857 — Dix-sept lanternes à main, dont quelques-unes pliantes avec montures en cuivre et variées de dimensions. XVIIe siècle.

858 — Huit petites lanternes rondes de poche, en bois, en écaille et en marqueterie. Travail français du XVIIIe siècle.

859 — Deux jolis petits flambeaux sur bases triangulaires en cristal de roche. Travail de la fin du XVIe siècle.

ÉTAINS

860 — Plat rond en étain, de François Briot, décoré de figures allégoriques et d'ornements en relief. Il porte au revers la médaille de l'artiste.

861 — Médaillon ovale en étain doré, portant en bas-relief les bustes de Henri IV et de Marie de Médicis, pai G. Dupré, 1603.

862 — Petit bas-relief en étain, jeux d'enfants. XVIIe siècle.

863 — Vidrecome en étain, par François Briot, décoré de figures allégoriques et d'ornements en relief. Le couvercle manque.

864 — Petit vidrecome à anse, décoré au pourtour de frises en relief, représentant un triomphe romain et des jeux d'enfants. Il porte la date de 1597.

865 — Pot en étain, décoré au pourtour de figures, debout sous des niches à plein cintre et de frises ornées. Le couvercle est orné de mascarons et de rinceaux. XVIe siècle.

866 — Hanap en étain, à entrelacs en relief sur la panse, goulot à mascaron et anse formée d'une cariatide. Travail français du XVIe siècle.

867 — Deux hanaps en deux dimensions, couverts de fleurs de lis frappées, l'un d'eux avec goulot tête de dragon XVIe siècle.

868 — Deux hanaps en étain, dont un du XVIe siècle et les trois autres du XVIIe, l'un d'eux à goulot orné d'un mascaron.

869 — Grand et beau vase en étain, à anse et à goulot, orné d'une tête de lion. Il est décoré de deux médaillons représentant en bas-relief saint Georges terrassant le dragon. XVIe siècle.

870 — Grand pot à anse en étain, gravé à ornements, reposant sur trois lions assis. Le couvercle est surmonté d'un lion tenant un écusson. XVIIe siècle.

871 — Vase ovoïde à anse surélevée et à goulot, tête d'animal fantastique.

872 — Pot analogue à celui qui précède, mais plus petit.

873 — Gourde à panse sphérique portant en relief trois fleurs de lis et l'inscription : DE LA REINE, DU ROY.

874 — Flacon hexagone à goulot en étain offrant, sur chacun de ses pans des fleurs en relief.

875 — Flambeau carré en étain, à base décorée de dauphins couronnés et de fleurs de lys ornées. XVIe siècle.

876 — Lampe à longue tige en étain, surmontée du groupe de la Vierge portant l'enfant Jésus.

877 — Ecuelle à deux anses plates en étain, avec couvercle orné de médaillons, sujets mythologiques et ornements en relief. XVIIe siècle.

878-879 — Quatre écuelles en étain à deux anses plates et à couvercle, décorées d'ornements en relief.

880 — Fontaine formée d'un dauphin en étain, avec nageoires en cuivre et bassin à contours, à pieds ornés de têtes de chérubins et fronton formé d'un double aigle dont les ailes sont découpées. XVIIe siècle.

881 — Autre fontaine de forme sphérique à côtes, avec bassin coquille sur boules et griffes de lion. XVIIe siècle.

882 — Belle verrière ovale à deux anses et à quatre pieds, en étain à bords découpés et ornés. XVIIIe siècle.

883 — Cache-pot à large ouverture en étain à anses mufles de lion. Époque Louis XIV.

884 — Seau cylindrique à anse mobile rattachée au vase par deux mascarons.

885 — Deux soupières ovales en étain, de formes variées. XVIIIe siècle.

886 — Fontaine en forme de vase, à deux anses et à trois pieds ornés de mascarons. XVIIIe siècle.

887 — Quatre cafetières en étain, du xviiie siècle, variées de formes.

888 — Trois théières en étain dont une de forme sphérique gravée portant au fond une longue inscription hollandaise, des armoiries et la date de 1755.

889 — Petite buire à panse ovoïde, à goulot formé d'un oiseau et anse formée d'une cariatide. xviie siècle.

890-891 — Huit vases à anses variés de formes et d'époques.

892 — Deux pièces en étain : petit pot à couvercle orné d'une médaille du xvie siècle et flacon cylindrique Louis XIII, orné de figures en relief.

893-895 — Quatorze pièces diverses en étain : sucrières, saucières, coupes, ménagères, etc.

896 — Plat rond en étain, offrant au centre de l'ombilic le sujet d'Actéon changé en cerf, et au marli des mascarons, des cariatides et des ornements variés en relief. xvie siècle.

897 — Quatre petites assiettes en étain à sujets et ornements variés, en relief. xvie siècle.

898 — Deux plats ronds dont les bords offrent des rinceaux et des bustes en relief. xviie siècle.

899-902 — Vingt-et-un plats ou plateaux ronds en étain, dont quelques-uns à bords godronnés.

903 — Six plats longs en étain, variés de dimensions, XVIIIe siècle.

904 — Deux porte-huiliers en étain, garnis de burettes en verre. XVIIIe siècle.

905 — Boîte carrée en étain offrant des cariatides et des ornements en relief, XVIe siècle.

COFFRES & COFFRETS

906 — Coffre-fort oblong en fer forgé et repoussé à figures et ornements. Il porte sur sa face le double aigle de l'empire ; et le sujet de la plaque intérieure est relatif à un mariage de la maison impériale. Travail allemand du XVIIe siècle.

907 — Coffre oblong en fer, entièrement couvert de gravures à l'eau-forte. Travail allemand de la fin du XVIe siècle.

908 — Joli coffret oblong à couvercle bombé en fer, couvert de fines damasquinures d'or et d'argent à figures et ornements. Il porte la date de 1573. Travail italien.

909-910 — Deux coffrets porte-missels en fer découpé à jour et à moraillons gothiques ciselés. XVe siècle.

911 — Coffret oblong à couvercle bombé en fer, à ornements en ogive découpés et à contreforts saillants.

912 — Petit coffret de même forme, couvert en cuir et bardé de fer, XVIe siècle.

913-915 — Trois coffrets de même forme, en fer, à ornements gothiques découpés à jour, XVe siècle.

916 — Coffret oblong à couvercle légèrement bombé, en fer à ornements dentelés et tourelles aux angles, XVIe siècle.

917 — Coffret oblong couvert en cuir, gravé à figures, bustes et animaux et garni en fer; XVIe siècle.

918 — Coffret oblong à couvercle bombé en cuir gaufré et gravé, et rehaussé de couleurs. XVe siècle.

919 — Coffret de même forme en cuir gaufré, bardé de fer, XVIe siècle.

920 — Coffret oblong à couvercle bombé en cuir gaufré avec serrure en fer gravé et portant autour de deux mains enlacées, l'inscription suivante : AUCUN NE NOUS SÉPARERA QUE L'AMOR. XVIIe siècle.

921 — Deux petits coffrets porte-missels, couverts en cuir gaufré et bardés de fer, XVe siècle.

922 — Quatre petits coffrets variés de forme couverts en cuir gaufré et garnis en fer.

923 — Cinq coffrets en fer, l'un d'eux formant tirelire.

924 — Coffret à couvercle bombé, couvert en cuir doré au fer, à figures et ornements. Fin XVIe siècle.

925 — Coffret oblong, couvert en maroquin doré au fer avec serrure et poignée en fer doré.

926 — Coffret à bijoux, couvert en velours rouge avec serrure en cuivre finement gravé à fleurs. Epoque Louis XIII.

927 – Coffret de même forme en velours clouté d'argent à têtes rondes et en losange. Même époque.

928 — Coffret Louis XIII à couvercle légèrement bombé en bois, incrusté de nacre et de filets de cuivre à fleurs, cornes d'abondance, oiseaux et bossettes rapportées en nacre gravée à figures et armoiries.

929 — Coffret de même époque, plaqué d'écaille rouge et garni d'appliques en cuivre repoussé à figures et fleurs et doré en partie.

930 — Très petit coffret vénitien, décoré au pourtour et sur le couvercle de figurines et d'ornements. XVIe siècle.

931 — Coffret vénitien en marqueterie de bois et d'ivoire. XVe siècle.

932 — Coffret en bois noir, orné de bas-reliefs en bois sculpté à figures et guirlandes de fruits. Epoque Louis XIII.

933 — Coffret Louis XIII de forme oblongue à angles rentrants et arrondis, plaqués d'écaille et avec encadrements d'ivoire gravé.

934 — Coffret arrondi à ses extrémités, décoré de peintures sur fond d'or et garni de bandes de cuivre estampé.

935 — Petite toilette Louis XIII, couverte en cuir doré au fer.

936-938 — Trois coffrets en bois sculpté, par Bagard de Nancy.

939 — Deux boîtes, l'une en étain, l'autre en cuivre repoussé et doré, décorée de fleurs et portant un chiffre couronné sur le couvercle.

940 — Coffret oblong en bois de placage garni en fer gravé et découpé. Epoque Louis XIV.

941 — Coffre carré, plaqué en cuivre estampe et garni en fer. Il contient six flacons carrés avec bouchons en étain. Époque Louis XIII.

942 — Coffret porte-flacons en cuir doré au fer et clouté de cuivre. Époque Louis XIII.

943 — Coffret formant pupitre, couvert en peau de chagrin et garni en cuivre découpé. Même époque.

944 — Pupitre Louis XIII en bois d'ébène, incrusté d'ivoire gravé.

945 — Coffret Louis XIII en bois de placage, bardé de fer.

946 — Coffret toilette en forme de livre, en maroquin doré au fer, XVIIe siècle.

947 — Coffret formant pelotte, en bois noir et incrusté de plaques de cuivre gravé et doré. Époque Louis XIII.

948 — Coffret oblong à moulures profilées de bois d'ébène et ivoire marbré. XVIIe siècle.

949 — Coffret oblong à couvercle bombé, couvert en velours rouge et appliques en cuivre estampé. XVIe siècle.

950 — Neuf coffrets divers variés de formes, d'époque et de travail.

951 — Coffret Louis XV à ressauts, en marqueterie de bois à fleurs.

INSTRUMENTS DE MUSIQUE

JEUX ET USTENSILES DIVERS

952 — Jolie guitare Louis XVI avec manche en bois sculpté et doré.

953 — Jolie guitare décorée de peintures dans sa monture en forme de lyre, en bois sculpté et doré. Époque Louis XVI.

954 — Trompe d'appel en bronze.

955 — Damier vénitien en forme de boîte en marqueterie. XVe siècle.

956 — Sept boîtes à jouer en bois peint des époques Louis XV et Louis XVI.

957 — Six petites boîtes à fiches provenant de boîtes à jeux, en ivoire gravé et teint de diverses nuances. XVIIIe siècle.

958-960 — Divers jeux des époques Louis XV et Louis XVI.

961 — Jeu de boules en bois sculpté et doré, surmonté d'une couronne royale.

962 — Sorte de jeu de loto dans une boîte en maroquin doré au fer.

963 — Triptyque décoré de peintures, contenant des boules à calculer et portant à l'extérieur les armes de France.

964-966 — Cinq règles à plier le linge, en bois sculpté et peint. XVIIe siècle.

967 — Presse à linge en bois sculpté. XVIIe siècle.

968 — Divers balais d'âtre à manches en bois ou en cuivre.

969-973 — Neuf rouets divers, variés d'époques et de dimensions.

974 — Métier à tambour du temps de Louis XV, en marqueterie de bois de rose à fleurs.

975 — Petit métier à broder, de même travail.

976-978 — Huit moulins à café ou à muscades des XVIIe et XVIIIe siècles.

979 — Deux râpes à tabac en émail de Limoges, par Laudin.

980 — Trois râpes à tabac en fer, dont deux incrustées d'argent et d'or. XVIIe siècle.

981-985 — Neuf râpes à tabac en ivoire sculpté, à figures et ornements, époque Louis XIV.

986 — Cinq râpes à tabac, de même époque, en bois sculpté et incrusté.

987 — Deux pipes, l'une en argent repoussé à tête casquée, l'autre en ivoire sculpté, garnie en argent.

988 — Deux petites boîtes en forme de soulier, l'une en bois sculpté, l'autre en marqueterie de paille aux armes de France.

OBJETS VARIÉS

989 — Figurine assise et drapée en cuivre doré; elle tient un dragon de la main gauche : la Prudence. Travail du XIIe siècle.

990 — Figurine-appliqne en cuivre doré ; joueur de viole. XIVe siècle.

991 — Petite plaque ronde en émail de Limoges, peinte en grisaille sur fond noir et représentant un guerrier portant un étendard. On lit au pourtour : *Vive France.* XVIe siècle.

992 — Deux pièces émaillées : petite tasse à vin, décorée au fond d'une figure de baigneuse, et aumônière décorée de cariatides et d'ornements émaillés en relief.

993 — Couronne en cuivre découpé à jour, provenant d'un lustre. XVe siècle.

994 — Tirelire de forme cylindrique, en fer. XVIIe siècle.

995 — Hachette de mineur, à manche incrusté d'os.

996 — Longue canne à béquille en cuivre, ornée d'un buste de femme.

997 — Autre longue canne en fer.

998 — Deux cannes en ivoire.

999 — Deux cannes en bois sculpté.

1000 — Pixide cylindrique en ivoire uni avec garniture en cuivre. XIIIe siècle.

1001 — Petit plateau ovale en argent repoussé à figures et ornements.

1002 — Deux peignes en écaille incrustée d'or. Travail napolitain du XVIIe siècle.

1003 — Deux pièces : Sablier Louis XIII avec monture en passementerie d'argent et monture de sablier en cuivre doré.

1004 — Quatre petits médaillons en bronze, dont trois ronds à bustes en relief et un ovale décoré de sujets religieux.

1005 — Deux médaillons en étain frappé et peint du temps de Louis XVI. Le coucher de la mariée et le fruit de l'amour clandestin.

1006 — Etui à fusil en bois sculpté.

1007 — Lot de hachettes diverses.

1008 — Bas-relief en terre cuite peinte, du temps de Louis XVI. Études d'attributs.

1009 — Deux petits modèles de chenets Louis XIII, en fer.

1010 — Épée Louis XVI en acier ciselé et damasquiné d'or, décorée des bustes de Henri IV, de Louis XV, de trophées d'armes et portant les armes de France.

1011 — Couteau de chasse Louis XV, avec manche en ivoire sculpté, sujets de chasse.

1012 — Grand coupe-tête à lame contournée et incrustée. Travail oriental.

1013 — Trois miniatures ovales sur cuivre et à l'huile : Portraits d'hommes. XVIIe siècle.

1014 — Deux miniatures : Portrait d'homme dans un médaillon d'or et portrait de femme sur ivoire.

1015 — Deux pièces : Enseigne en tôle peinte à figures et gravure ovale, représentant des têtes burlesques de priseurs.

1016 — Aumônière en velours rouge avec passementerie d'or.

1017 — Amorçoir en ivoire, garni en cuivre doré : XVIIe siècle.

1018 — Petite boîte ronde en bois, incrustée de nacre et de filets de cuivre. Époque Louis XIII.

1019 — Boîte carrée, décorée de peintures sur fond vert. Époque Louis XVI.

1020 — Mesure en bois sculpté à figure d'enfant et ornements. XVIIe siècle.

1021 — Six éventails à montures de nacre, d'ivoire et bois, dont deux du temps de la République.

1022 — Éventail en vernis de Martin, décoré de figures.

1023 — Deux godets vénitiens en cuivre émaillé.

1024 — Petite plaque d'ivoire gravé représentant une place publique du temps de Louis XIV.

1025-1028 — Trente étuis divers en cuir et maroquin, dont huit en cuir gaufré du XVe siècle.

1029 — Trousse en étoffe brodée et peinte, à figures, ornements et armoiries, et enrichie de broderies d'argent. Époque Louis XIII.

MEUBLES

1030 — Chaise à porteurs du temps de Louis XV, décorée de peintures en camaïeu brun clair et enrichie de sculptures en bois doré.

1031 — Almanach Louis XV, avec cadre en bois sculpté.

1032 — Deux chaufferettes en bois sculpté. XVIIIe siècle.

1033 — Miroir applique à figure gravée, et garni en bois doré. XVIIe siècle.

1034 — Paravent à huit feuilles, garni de toiles peintes. XVIIe siècle.

1035 — Étagère porte-ustensiles en bois sculpté. Travail flamand.

1036 — Bénitier en bois sculpté et doré. XVIIe siècle.

1037 — Fauteuil Louis XVI, en bois sculpté, peint en blanc, garni mais non couvert.

1038 — Deux fauteuils du temps de l'Empire, en acajou, ornés de sphinx ailés.

1039 — Sorte de vitrine en bois peint et à encadrement supérieur, en bois sculpté et doré : Époque Louis XIV.

1040 — Miroir en largeur avec cadre en cuivre ciselé. Époque Louis XIII.

1041 — Cartel porte-montre décoré d'ornements et de figures rapportés en papier doré. Époque Louis XIV.

1042 — Surtout de table du temps de Louis XIV, en bois sculpté et doré.

www.ingramcontent.com/pod-product-compliance
Ingram Content Group UK Ltd.
Pitfield, Milton Keynes, MK11 3LW, UK
UKHW020336180726
13839UKWH00002B/738

9 782329 536965